Ute Maack (Hg.)

Wer dieses Leben recht versteht,
will heiter sein, so oft es geht.

Ute Maack (Hg.)

Wer dieses Leben recht versteht, will heiter sein, so oft es geht.

Ein Vorlesebuch

Kaufmann Verlag

Bibliografische Information der Deutschen Bibliothek
Die Deutsche Bibliothek verzeichnet diese Publikation in der Deutschen Nationalbibliografie; detaillierte bibliografische Daten sind im Internet über http://dnb.ddb.de abrufbar.

1. Auflage 2017

Druck und Bindung: CPi books, Ulm

ISBN 978-3-7806-3187-9

Inhaltsverzeichnis

„Ach, was sind wir doch für dumme Leute, wir geniessen nie das Heute."

Die Kunst, in der Gegenwart zu leben

„Man hört nicht auf zu lachen,
wenn man alt wird, aber man wird alt,
wenn man aufhört zu lachen."

Heiterkeit kennt kein Alter

„Das deutlichste Zeichen von Weisheit ist anhaltende gute Laune“

Von der Kunst, fröhlich zu sein

„Humor ist, wenn man trotzdem lacht" – Zur Einstimmung

„Humor ist, wenn man trotzdem lacht" – jeder kennt dieses Sprichwort, das eigentlich alles sagt über Humor als Lebenskunst. Das Wörtchen „trotzdem" ist hier entscheidend: Wir lachen, obwohl uns vielleicht gerade nicht zum Lachen zumute ist. Wir erheitern uns nicht nur über Scherze und komische Geschichten oder gar über Missgeschicke unserer Mitmenschen (über die natürlich auch), sondern im besten Fall über unsere eigenen Unzulänglichkeiten, über Pleiten, Pech und Pannen, die uns unser Leben gelegentlich sauer machen.

Humor ist eine Haltung den Widersprüchen des Lebens gegenüber, denen wir nicht ausweichen können. Lachen löst diese Widersprüche zwar nicht auf, aber es macht sie erträglicher. Es befreit, es ist sogar gesund. „Lachen ist die beste Medizin", heißt es deshalb auch im Volksmund, und es hat keinerlei Nebenwirkungen.

Tatsächlich ist es erwiesen, dass Lachen das Immunsystem, die Lungen, den Kreislauf oder die Verdauung stärkt und dass es helfen kann, Schmerzen, Angst oder Stress zu mindern. Übrigens trainiert es auch die Muskeln: Beim Lachen sind im Gesicht 17 und am ganzen Körper 80 Muskeln beteiligt! Bei alldem ist es kein Wunder, dass es heute Lachklubs, Lachforscher, Lachtherapien oder Lachyogakurse gibt. Hin und wieder reicht aber auch schon eine lustige Anekdote oder ein kleiner Witz, um unserer Laune erheblich zu verbessern.

Dem Leben mit Humor und einer heiteren Lebensauffassung zu begegnen, heißt auch, die Perspektive zu wechseln, nicht in festen Denkmustern festzustecken. Manchmal ist es ein und dieselbe Sache, über die wir lachen oder weinen können, und lachen oder wenigstens schmunzeln ist in den meisten Fällen die bessere Wahl.

Um uns zu freuen, brauchen wir keinen Reichtum, keine besonderen Erfolge oder Talente, keine Gesellschaft, ja nicht einmal eine gute Gesundheit. Oft sind es die kleinen, die alltäglichen und unscheinbaren Dinge, die uns ein Lächeln entlocken – ein schöner Morgen, ein spielendes Kind, ein Blätterrauschen oder auch die durch den Humoristen Loriot zum Volksgut gewordene Nudel im Gesicht unseres Gegenübers. All diese Dinge haben eines gemeinsam: Sie lenken unseren Blick und unsere Gedanken auf die Gegenwart, sie machen uns aufmerksam auf das, was gerade jetzt geschieht oder uns umgibt. In diesen Momenten hadern wir weder mit dem, was vergangen ist, noch fürchten wir uns vor dem, was noch kommen mag. Solche heiteren Augenblicke fallen uns nicht unbedingt von allein zu, wir müssen sie suchen, müssen unsere Aufmerksamkeit darauf konzentrieren, sie auch zu

*„Humor ist der Knopf,
der verhindert, dass uns
der Kragen platzt."*

Alles eine Frage der Perspektive

Gut und schlecht

Zwei Männer unterhalten sich.

„Ist bei euch dieses Jahr der Kohl gut gewachsen?“ – „Jawohl! Die Kohlköpfe waren so groß wie breitkrempige Filzhüte.“

„Das war doch gut!“

„Wieso gut? Eine Ziege kam in den Garten und fraß alles ab.“

„Das war doch schlecht!“

„Wieso schlecht? Ich schlachtete die Ziege und bekam eine Bütte voll Fleisch.“

„Das war doch gut!“

„Wieso gut? Ich fing an, die Schinken zu räuchern, da brannte das Aas von Badstube nieder.“

„Das war doch schlecht!“

„Wieso schlecht? Ich baute mir eine neue Badstube auf.“

„Das war doch gut!“

„Ja, wieso gut? Als ich den letzten Balken legte, da blieb meine lumpige Frau mit dem Bauch darunter eingeklemmt stecken.“

„Das war doch schlecht!“

„Oh, wieso schlecht? Ich nahm mir eine neue Frau.“

„Das war doch gut!“

„Ja, wieso gut? Der verdammte Pfaff hat meine Frau verführt.“

„Das war doch schlecht!“

„Jawohl, schlecht war es und schlecht blieb es! Freilich habe ich den Pfaffen lahmgeschlagen und einen Topf voll Geld bekommen, aber eine Frau hab ich nicht mehr!“

Estnisches Märchen

Überall

Überall ist Wunderland.
Überall ist Leben.
Bei meiner Tante im Strumpfenband
Wie irgendwo daneben.

Überall ist Dunkelheit.
Kinder werden Väter.
Fünf Minuten später
Stirbt sich was für einige Zeit.
Überall ist Ewigkeit.

Wenn du einen Schneck behauchst,
Schrumpft er ins Gehäuse.
Wenn du ihn in Kognak tauchst,
Sieht er weiße Mäuse.

Joachim Ringelnatz

Das Mittagessen im Hof

Man klagt häufig darüber, wie schwer und unmöglich es sei, mit manchen Menschen auszukommen. Das mag denn freilich auch wahr sein. Indessen sind viele von solchen Menschen nicht schlimm, sondern nur wunderlich, und wenn man sie nur immer recht kennte, inwendig und auswendig, und recht mit ihnen umzugehen wüsste, nie zu eigensinnig und nie zu nachgiebig, so wäre mancher wohl und leicht zur Besinnung zu bringen.

Das ist doch einem Bedienten mit seinem Herrn gelungen. Dem konnte er manchmal gar nichts recht machen, und musste vieles entgelten, woran er unschuldig war, wie es oft geht.

So kam einmal der Herr sehr verdrießlich nach Hause und setzte sich zum Mittagessen. Da war die Suppe zu heiß oder zu kalt oder keines von beiden; aber genug, der Herr war verdrießlich. Er fasste daher die Schüssel mit dem, was darinnen war, und warf sie durch das offene Fenster in den Hof hinab. Was tat hierauf der Diener?

Kurz besonnen warf er das Fleisch, welches er eben auf den Tisch stellen wollte, mir nichts, dir nichts, der Suppe nach, auch in den Hof hinab, dann das Brot, dann den Wein und endlich das Tischtuch mit allem, was noch darauf war. „Verwegener, was soll das sein?“, fragte der Herr und fuhr mit drohendem Zorn von dem Sessel auf. Aber der

Bediente erwiderte ganz kalt und ruhig: „Verzeihen Sie mir, wenn ich Ihre Meinung nicht erraten habe. Ich glaubte nicht anders, als Sie wollten heute in dem Hof speisen. Die Luft ist so heiter, der Himmel so blau, und sehen Sie nur, wie lieblich der Apfelbaum blüht, und wie fröhlich die Bienen ihren Mittag halten!“ Diesmal die Suppe hinabgeworfen, und nimmer! Der Herr erkannte seinen Fehler, heiterte sich im Anblick des schönen Frühlingshimmels auf, lächelte heimlich über den schnellen Einfall seines Aufwärters und dankte ihm im Herzen für die gute Lehre.

Johann Peter Hebel

Unerwünschte Belehrung

Ein Mensch, dems ziemlich dreckig geht,
Hört täglich doch, von früh bis spät,
Dass ihm das Schicksal viel noch gönnte
Und er im Grunde froh sein könnte;
Dass, angesichts manch schwererer Bürde
Noch der und jener froh sein würde,
Dass, falls man etwas tiefer schürfte,
Er eigentlich noch froh sein dürfte;
Dass, wenn genau mans nehmen wollte,
Er, statt zu jammern, froh sein sollte,
Dass, wenn er andrer Sorgen wüsste,
Er überhaupt noch froh sein müsste.
Der Mensch, er hört das mit Verdruss,
Denn unfroh bleibt, wer froh sein muss.

Eugen Roth

Hans im Glücke

Es war einmal ein Bauernknabe, Hans geheißen, der dünkte sich nicht auf den Kopf gefallen. Er diente treu und ehrlich einem großen, reichen Herrn. Nach einigen Jahren aber bekam Hans Heimweh nach seiner Mutter. Er sprach seinen Herrn um den verdienten Lohn an und dieser gab Hansen ein Stück Gold, das war so groß wie Hansens Kopf. Hans war zufrieden, packte den schweren Goldklumpen in ein Tüchlein und machte sich auf den Weg. Bald wurde ihm der Goldklumpen schrecklich schwer, ob er ihn nun auf dem Kopf trug oder auf den Schultern.

Da trottete ein Reiter auf seinem Pferd leicht und wohlgemut an Hans vorbei. „Ei!“, rief Hans, „reiten ist eine schöne Kunst, wer sie kann und ein Pferd hat!“ Der Reiter hielt sein Rösslein an, weil er Hansens Rede gehört hatte, und fragte ihn, womit er sich denn da so mühselig schleppe?

„Ach! Es ist Gold, pures, schweres Gold! Der Mensch ist ein geplagtes Tier!“, sagte Hans, indem er den Klumpen ächzend zur Erde warf.

„Wenn du gern reiten willst, so lass uns einen Tausch machen“, erwiderte der Reiter. „Gibst mir deinen Lastklumpen und nimmst mein Pferd dafür!“ Das ließ sich Hans nicht zweimal bieten, er rief fröhlich: „Topp! Schlagt ein.“ Der Reiter nahm also das Gold und machte, dass er davonkam, ehe

Hansen der Handel reuen könnte. Der aber kletterte auf den Gaul und ritt davon, dass es stäubte. Aber nicht gar lange, da tat das Pferd einen Satz, dass Hans herunterfiel wie ein Nusssack. Ein Bauer, der mit einer Kuh des Weges zog, fing das ledige Pferd und führte es zu Hans zurück. Der weinte und rieb sich die Knochen. „Wer doch so ein sanftes Kühchen hätte, wie Ihr dort, guter Freund! Da könnte man tagtäglich Milch trinken und Butter und Käse essen und wird nicht heruntergeworfen."

„Ei", sagte der pfiffige Bauer, „wenn Euch die Kuh so wohl gefällt, so gefällt mir nun gerade auch Euer mutiges Pferd, geb Euch die Kuh für das Pferd!"

„Das ist ein guter Tausch", sprach Hans und nahm die Kuh, während der Bauer sich auf das Ross setzte und flugs davonritt.

Hans verzehrte bald seine letzten Heller in einem Wirtshaus und marschierte weiter. Es war aber an diesem Tag sehr heiß und es durstete Hansen nach kurzer Zeit. Als er versuchte, die Kuh zu melken, stellte er sich so ungeschickt an, dass keine Milch kam und die Kuh ihm einen Tritt gab, wovon ihm Hören und Sehen verging. Da trieb just ein Metzger des Weges mit einem jungen Schwein, der fragte mitleidvoll, was ihm denn fehle. Hans erzählte sein Abenteuer und der Metzger bemerkte, von einer so alten Kuh sei keine Milch zu erwarten, die müsse man schlachten. „Hm!", meinte Hans,

„wird auch keinen sonderlichen Braten geben! Ja, wer so ein nettes fettes Schweinchen hätte, das schmeckt und gibt Fetzenwürstel!“

„Wenn Euch das Schweinchen so gefällt“, sagte der Metzger, „so lasst uns einen Tausch treffen, Ihr das Schwein, ich die Kuh!“ – „Ist schon recht!“, sagte Hans, innerlich froh über sein Glück. Er zog heiter seiner Straße und dachte: „Bist doch ein rechtes Glückskind, Hans! Immer wird der Schaden wieder ersetzt. O wie soll dieser Schweinebraten schmecken!“

Bald kam ein Bursche des Wegs, der trug eine fette weiße Gans im Arm. Da sie miteinander ins Gespräch kamen, erzählte er Hans, dass die Gans zu einem Kindtaufsbraten bestimmt sei. Dabei ließ er die Gans den Hans wiegen und unter den Flügeln die Fettklumpen befühlen.

„Die Gans ist gut, mein Schweinchen da ist aber auch kein Hund!“, sagte Hans und erzählte, dass er es vor Kurzem erst erhandelt hatte. Da sah sich der Bursche bedenklich um und sprach: „Höre, im Vertrauen! Da hinten im letzten Dorfe ist dem Schulzen ein junges Schwein gestohlen worden. Der Dieb hat's an dich vertauscht, und wenn jetzt der Flurschütz uns nachkommt – mich deucht, ich sehe seinen Spieß schon dort über den Kornähren blinken –, so hält er dich für den Dieb, und du kommst, statt mit dem Schwein in die Küche deiner Mutter, in des Teufels Küche!“

„Ach du mein lieber Herrgott! Was bin ich für ein Unglücksvogel!“, schrie Hans. „Hilf mir doch, guter, liebster Freund!“

„Weißt du was“, sprach der Bursche, „geschwind, gib mir das Schwein und nimm du meine Gans! Ich weiß hier herum die Schleichwege, und ich will mich schon unsichtbar machen!“

Der Handel wurde geschlossen, und in zwei Augenblicken waren Bursch und Schwein verschwunden. „Bin doch ein Glücksvogel!“, lachte Hans innerlich und spazierte weiter. Vom Flurschütz oder sonst einem Nachsetzenden war nichts zu sehen.

Hans kam endlich in das letzte Dorf vor dem seinigen. Da stand ein Scherenschleifer an seinem Karren, der sah ganz fröhlich aus, schliff und pfiff, und pfiff und schliff, dass es nur so schnurrte.

Hans blieb stehen, bot ihm guten Tag und fragte: „Euch geht's gewiss recht gut, dass Ihr so lustig und fröhlich seid? Wer's doch auch so hätte!“

„O ja, mein guter Kamerad“, sprach der Scherenschleifer, „bin lustig, weil ich immer Geld in der Tasche hab, kannst's auch so haben mit deiner Gans. Woher hast du sie?“

„Hab sie gekriegt für ein Schwein!“, berichtete Hans. „Und das Schwein?“ – „Für eine Kuh gekriegt!“ – „Und die Kuh?“ – „Für ein Pferd eingehandelt.“ – „Und das Pferd?“ – „Einen Klumpen Gold hingegeben, so groß wie mein Kopf.“ – „O du

Schlaukopf! Und woher das Gold?“ – „Sieben Jahre gedient, Lohn bekommen!“ – „Pfiffikus, wärst du ein Schleifer wie ich, dann klänge dir das Geld in den Taschen. Dazu braucht es nur eines guten Hirnschleifsteins; hier hab ich noch einen liegen! Den geb ich dir für deine Gans. Willst du?“

„Ob ich will? Freilich!“, rief Hans erfreut. „Geld in allen Taschen ist eine schöne Profession.“

Der lose Schleifer gab dem guten Hans einen alten Wetzstein und einen Kiesel, der am Wege lag, und Hans zog fröhlich davon in der Meinung, er müsse in einer Glückshaut geboren sein.

Aber die Sonne brannte heiß, Hans hatte Hunger und Durst, war müde, und die Steine waren fast so schwer, wie der Goldklumpen gewesen war, und er dachte: O wenn ich mich doch nicht mit diesen Schleifsteinen schleppen müsste. An einem Brünnlein am Wege wollte Hans seinen Durst löschen. Er bückte sich und beim Bücken fielen die Steine in den Brunnen hinab. Wer war froher als Hans im Glück, dass er mit einem Male ohne sein Zutun die schweren Steine los geworden! Freudig sprang er auf, ledig aller Sorgen und aller Lasten, pries sich als den glücklichsten Menschen und langte guten Mutes bei seiner Mutter an – Hans im Glücke.

Nach Ludwig Bechstein

Der Einsame

Wer einsam ist, der hat es gut,
Weil keiner da, der ihm was tut.
Ihn stört in seinem Lustrevier
Kein Tier, kein Mensch und kein Klavier,
Und niemand gibt ihm weise Lehren,
Die gut gemeint und bös zu hören.
Der Welt entronnen, geht er still
In Filzpantoffeln, wann er will.
Sogar im Schlafrock wandelt er
Bequem den ganzen Tag umher.
Er kennt kein weibliches Verbot,
Drum raucht und dampft er wie ein Schlot.
Geschützt vor fremden Späherblicken,
Kann er sich selbst die Hose flicken.
Liebt er Musik, so darf er flöten,
Um angenehm die Zeit zu töten,
Und laut und kräftig darf er prusten,
Und ohne Rücksicht darf er husten,
Und allgemach vergisst man seiner.
Nur allerhöchstens fragt mal einer:
Was, lebt er noch? Ei, Schwerenot,
Ich dachte längst, er wäre tot.
Kurz, abgesehn vom Steuerzahlen,
Lässt sich das Glück nicht schöner malen.
Worauf denn auch der Satz beruht:
Wer einsam ist, der hat es gut.

Wilhelm Busch

Mitleid

Auf Grund von Misserfolgen in meinem Leben verfiel ich in Depressionen. Da zog eine Anzeige meine Aufmerksamkeit auf sich, die ich zufällig in einer Zeitung las: „Bist du traurig? Hast du keinen Erfolg? Hältst du dich für vom Schicksal benachteiligt? Straße der Rentnerfreuden 13, Hinterhof rechts."

Unter der angegebenen Adresse herrschte ein großer Andrang. Man musste ein Billett an der Kasse kaufen und dann warten. Es wurden nur zehn Personen auf einmal hereingelassen.

Als die Reihe an meine Zehnerschaft kam, führte uns ein Diener ins Innere. Es war eine grässliche Einzimmerbehausung. Auf einer erbärmlichen Pritsche wanden sich einige Kinder in Krämpfen. Emailschildchen an den Wänden informierten: „Bitte rauchen und spucken – es schadet sowieso nicht mehr." Und: „Bitte nicht die Türen schließen – wozu?"

An einem Tisch saß ein Mann mit einem Bein und eingefallenen Wangen. Als wir uns mehr oder weniger in diesem Loch verteilt hatten, sah der Mann auf die elektrische Uhr, räusperte sich und begann zu sprechen. Es war seine Lebensbeichte.

„Bitte, verzeihen Sie, dass meine Frau nicht da ist", sagte er zu Beginn, „sie weilt im Krankenhaus.

Und jetzt werde ich Sie in kurzen Worten mit meiner Situation vertraut machen.“

Je länger er sprach, desto fröhlicher wurde ich. Denn im Vergleich mit seinem Leben mussten meine Misserfolge wie Lappalien erscheinen. Es war dies eine einzige Kette von Niederlagen und Krankheiten. Schon bei der Beschreibung der Umstände, unter denen er zum Waisenkind wurde, erhellten sich die Gesichter der Kunden ein wenig, und als er zu der Geschichte seiner ersten Schwindsucht kam, wurden sie erheblich fröhlicher. Von Zeit zu Zeit gab er Schmerzensschreie von sich, zum Schluss verfiel er in leises Weinen. Als er geendet hatte, betrachtete er unsere strahlenden Gesichter und gestand uns, dass er obendrein Alkoholiker sei und bereit, sich für eine kleine Nachzahlung auf der Stelle unter Alkohol zu setzen, was ihm zusätzlich schaden würde. Einige Leute nutzten dieses Angebot aus. Ich verließ diesen Ort, beträchtlich im Geiste gestärkt.

Einige Zeit später, als ich abends nach Hause zurückkehrte, traf ich diesen Mann auf der Brücke. Er stand da und starrte in die träge Strömung des Flusses. Er sah aus, als hätte er Kummer.

Ich näherte mich ihm

„Irgendwelche neuen Sorgen?“, fragte ich. „Eine Vergiftung? Ein Ekzem? Oder vielleicht, Gott verhüte, Syphilis?“

„Ach was“, er seufzte schwer. „Lassen wir das Geschäft. Ich bin einfach traurig.“

Er sah so düster in die Tiefe, dass ich das nicht länger ertragen konnte.

„Wissen Sie was?“, sagte ich. „Ich weiß nicht, was es sein kann, aber seit längerer Zeit habe ich hier solches Seitenstechen.“

„Eh, wirklich?“, fragte er schon lebhafter.

„Ja, und außerdem hat mich in diesem Sommer auf dem Land ein Blitz getroffen.“

Er wurde so sichtlich heiter, dass es mich etwas unangenehm berührte. Also fügte ich hinzu:

„Aber er hat mich nicht erschlagen.“

Seine Miene verdüsterte sich wieder.

„Aber es hat weh getan? Was?“, fragte er hoffnungsvoll.

Es war etwas so Flehentliches in seiner Stimme, dass ich ihm, weil ich ein so gutes Herz habe, antwortete:

„Sehr.“

„Na, dann werde ich mal wieder“, sagte er fast fröhlich. „Irgendwie wird's schon werden, nicht wahr?“

Und er ging pfeifend fort. Seit der Zeit habe ich bei ihm Rabatt.

Sławomir Mrożek

Der Würfel

Ein Würfel sprach zu sich: Ich bin
mir selbst nicht völlig zum Gewinn!

Denn meines Wesens sechste Seite,
und sei es auch ein Auge bloß
sieht immerdar, statt in die Weite,
der Erde ewig dunklen Schoß.

Als dies die Erde, drauf er ruhte,
vernommen, ward ihr schlimm zu Mute.

Du Esel, sprach sie, ich bin dunkel,
weil dein Gesäß mich just bedeckt!
Ich bin so licht wie ein Karfunkel,
sobald du dich hinweggefleckt.

Der Würfel, innerlichst beleidigt,
hat sich nicht weiter drauf verteidigt.

Christian Morgenstern

Der Tempel der tausend Spiegel

Es war einmal ein kleiner Hund, der lebte in Indien. Eines Tages hörte er von einem riesigen Tempel auf einem Berg, den man den „Tempel der tausend Spiegel“ nannte. Jeder könne, so erzählte man sich, in diesem Tempel sich selbst und die Welt erkennen. Der Hund machte sich auf den Weg, um den Tempel zu besuchen. Bald hatte er ihn erreicht. Er erklomm den Berg, stieg die Stufen des Tempels hinauf und trat voller Neugier und Erwartung durch das Tor.

Als er in den Saal hineinkam, erblickte er tausend Hunde. Ihn überfiel große Angst. Er sträubte sein Nackenfell, klemmte den Schwanz zwischen die Beine, knurrte furchtbar und fletschte die Zähne. Die tausend Hunde im Tempel machten es ebenso. Sie sträubten das Nackenfell, klemmten die Schwänze zwischen die Beine, knurrten furchtbar und fletschten die Zähne.

Der Hund rannte voller Panik aus dem Tempel und suchte das Weite. Von nun an war er fest davon überzeugt, dass die ganze Welt aus knurrenden, zähnefletschenden und gefährlichen Hunden bestehe.

Einige Zeit später kam ein anderer Hund in den „Tempel der tausend Spiegel“. Als er in den Saal trat und die tausend anderen Hunde sah, war er überwältigt vor Freude, weil er so viele Spielgefährten gefunden hatte. Er wedelte mit dem Schwanz und sprang fröhlich hin und her.

Als der Hund erschöpft vom Herumspringen den Tempel verließ, wusste er, dass die ganze Welt aus freundlichen und schwanzwedelnden Hunden besteht, mit denen man ausgelassen spielen kann.

Weisheitsgeschichte

Von Opti- und Pessimisten

Die Menschheit besteht aus Optimisten und Pessimisten. Aus solchen, die das Leben leicht-, und solchen, die es schwernehmen.

Und unsere Ehe besteht aus Paola und mir.

„Lass uns ins Kino gehen“, sagt Paola.

„Gibt eh keinen guten Film“, sage ich.

„Bestimmt gibt es einen guten Film“, sagt sie, schaut ins Kinoprogramm, sucht einen Film aus, ruft im Kino an, bestellt Karten. Dann fahren wir los, mit dem Auto. Fünfhundert Meter vor dem Kino sehe ich einen Parkplatz, halte an, lege den Rückwärtsgang ein und …

„Was machst duuuu denn?“, fragt Paola.

„Parken“, sage ich.

„Das Kino ist erst da hinten“, sagt sie.

„Aber da hinten, wo das Kino ist, finden wir vielleicht keinen Parkplatz“, sage ich.

„Woher willst du das wissen?“, sagt sie. „Fahr erst mal hin!“

„Und dann ist da nichts, und dieser Parkplatz hier ist vielleicht auch weg“, sage ich.

„Entschuldigung, ich soll von hier zu Fuß bis zum Kino latschen?“, sagt sie. „Ist es wahr, dass du mir sagen willst, dass ich von hier zu Fuß zum Kino latschen soll?“

„Die paar Meter …“, sage ich. „Was ist dabei?! Ein kleiner Spaziergang.“

„Ein Spaziergang, in dieser Gegend!“, höhnt sie. „Findest du es nicht furchtbar spießig, selbst so ein kleines Abenteuer, so ein winziges Wagnis zu scheuen wie dieses, dass wir eventuell vor dem Kino keinen Parkplatz finden?“

„Du findest also, dass ich ein mutloser, spießiger Waschlappen bin“, sage ich.

„Nein, aber du bist immer so pessimistisch“, sagt sie. „Jetzt fahr nach vorn zum Kino, da wird schon ein Parkplatz sein.“

„Pessimismus ist angeboren“, sage ich, biege aus der Parklücke wieder aus und fahre Richtung Kino. „Dagegen kann man nichts tun. Erst neulich habe ich von einer Harvard-Studie gelesen: Pessimistengehirne schütten nicht genug von einer bestimmten Anti-Angst-Chemikalie aus, deshalb ist ihr Nervensystem unruhiger, und sie müssen immer das Schlimmste fürchten.“

„Ja, aber dann weißt du doch, woher alles kommt, und musst dich nicht sorgen“, sagt sie.

„Siehst du“, sage ich, „vor dem Kino ist kein Parkplatz.“

„Weil wir da vorn so viel Zeit mit deinem Pessimismus vertrödelt haben“, sagt Paola.

„Immerhin hätten wir dort parken können“, sage ich. „Jetzt kommen wir wahrscheinlich zu spät, um die Karten abzuholen. Man muss sie eine halbe Stunde vor Filmbeginn abholen.“

„Dann steige ich schon mal aus und hole sie, während du einen Parkplatz suchst“, sagt sie.

„Ach soooo“, sage ich. „Madame lassen sich vorfahren, und ihr spießig-pessimistischer Chauffeurstrottel darf durch die City irren.“

„Jetzt hab dich nicht so!“, sagt sie. „Wozu bist du ein Mann?“

Sie steigt aus, und ich fahre weiter, biege rechts ab und links und links und rechts – nirgends eine Parklücke. Komme zu dem Parkplatz von vorhin – da steht nun jemand. Schreie wütend im Auto herum. Fahre weiter und weiter und parke schließlich weit entfernt vom Kino. Gehe eiligen Schrittes zurück. Komme schwitzend an. Vor dem Eingang wartet Paola.

„Ich habe einen Parkplatz gesucht“, zische ich.

„Aber hier ist einer“, sagt sie und zeigt auf eine Parklücke, die tatsächlich vor dem Kino gerade frei wird. „Ich bin durch die Stadt gezockelt“, sage ich, „weil du den Platz vorhin nicht nehmen wolltest.“

„Dass du dich immer so ärgerst“, sagt sie, „ist nicht gut für deine Gesundheit.“ Sie nimmt mich in den Arm und sagt: „Nimm das Leben leichter!“

„Ach …“, sage ich.

Axel Hacke

Von zwei Edelleuten, die sich in herzlicher Freundschaft zugetan waren

Zwei Edelleute waren sich in herzlicher Freundschaft zugetan; der eine mit Namen G., der andere Herr S. Als sie schon lange miteinander befreundet waren, machte sich der eine Gedanken und sagte bei sich: „Mein Freund S. hat ein schönes Reitpferd. Wenn ich ihn darum bäte, würde er es mir wohl geben?“ Und er überlegte hin und her und kam abwechselnd zu verschiedenen Ergebnissen: „Ja, nein, ja, nein, …“ Schließlich setzte sich in ihm die Überzeugung fest, dass jener es ihm nicht geben würde. Das bekümmerte ihn, und sein Verhalten gegenüber dem Freund veränderte sich und war nicht mehr wie früher. Der Gedanke wurde zur fixen Idee und quälte ihn von Tag zu Tag mehr. Er sprach nicht mehr mit dem Freund und wandte sich ab, wenn er ihn vorbeikommen sah. Die Leute waren verwundert, und er selbst am meisten.

Sein Freund S., der Besitzer des Reitpferdes, konnte diesen Zustand eines Tages nicht länger ertragen. Er ging zu ihm und fragte: „Mein Freund, warum sprichst du nicht mehr mit mir? Was bekümmert dich?“ Und jener antwortete: „Dass ich dich um dein Reitpferd gebeten habe und du es mir abgeschlagen hast.“ Da antwortete der Freund: „Dem ist nie und nimmer so! Mein Pferd gehört dir ebenso wie ich selbst; denn ich liebe dich wie mich selbst.“ Da versöhnte sich der Edelmann mit seinem Freund, und er erkannte, dass er nicht richtig von ihm gedacht hatte, und ihre Freundschaft war wieder wie früher.

Aus dem Novellino

Brief aus Berlin

Bin ich mit noch so guter Laune des Morgens aufgestanden, so wird doch gleich alle meine Heiterkeit fortgeärgert, wenn schon früh die Schuljugend, den „Jungfernkranz“ zwitschernd, an meinem Fenster vorbeizieht. Es dauert keine Stunde, und die Tochter meiner Wirtin steht auf mit ihrem „Jungfernkranz“. Ich höre meinen Barbier den „Jungfernkranz“ die Treppe heraufsingen. Die kleine Wäscherin kommt mit „Lavendel, Myrt und Thymian“. So geht's fort. Mein Kopf dröhnt. Ich kann's nicht aushalten, eile aus dem Hause und werfe mich mit meinem Ärger in eine Droschke. Gut, dass ich durch das Rädergerassel nicht singen höre. Bei ***li steig ich ab. „Ist's Fräulein zu sprechen?“ Der Diener läuft. „Ja.“ Die Türe fliegt auf. Die Holde sitzt am Pianoforte und empfängt mich mit einem süßen:

„Wo bleibt der schmucke Freiersmann,
Ich kann ihn kaum erwarten.“ –

„Sie singen wie ein Engel!“, ruf ich mit krampfhafter Freundlichkeit. „Ich will noch einmal von vorne anfangen“, lispelt die Gütige, und sie windet wieder ihren „Jungfernkranz“ und windet und windet, bis ich selbst vor unsäglichen Qualen wie ein Wurm mich winde, bis ich vor Seelenangst ausrufe: „Hilf, Samiel!“

Sie müssen wissen, so heißt der böse Feind im „Freischützen“; der Jäger Kaspar, der sich ihm ergeben hat, ruft in jeder Not: „Hilf, Samiel!“; es wurde hier Mode, in komischer Bedrängnis diesen Ausruf zu gebrauchen, und Boucher hat einst sogar im Konzerte, als ihm eine Violinsaite sprang, laut ausgerufen: „Hilf, Samiel!“

Und Samiel hilft. Die bestürzte Donna hält plötzlich ein mit dem rädernden Gesange und lispelt: „Was fehlt Ihnen?“ – „Es ist pures Entzücken“, ächze ich mit forciertem Lächeln. „Sie sind krank“, lispelte sie, „gehen Sie nach dem Tiergarten, genießen Sie das schene Wetter, und beschauen Sie die schene Welt.“ Ich greife nach Hut und Stock, küsse der Gnädigen die gnädige Hand, werfe ihr noch einen schmachtenden Passionsblick zu, stürze zur Tür hinaus, steige wieder in die erste beste Droschke und rolle nach dem Brandenburger Tore. Ich steige aus und laufe hinein in den Tiergarten.

Ich rate Ihnen, wenn Sie hierherkommen, so versäumen Sie nicht, an solchen schönen Vorfrühlingstagen, um diese Zeit, um halb eins, in den Tiergarten zu gehen.

Heinrich Heine

Blumensprache

Welch schönen Balkon die Frau Piontek sich angelegt hat!

Offen gestanden: Ich hatte ihr so viel Natursinn und Liebe für die Blumen eigentlich gar nicht zugetraut.

Vorn eine ganze Front von Geranien mit Kornblumen abwechselnd; als Dach oder Laube hochgezogen und gewölbt die seltenen Gloxinien; um die Kapuzinerkresse in der Ecke sind die Bienen und Hummeln beschäftigt; weißes Tausendschön an der richtigen Stelle; und die wilden, mädchenhaften Petunien, bei denen man immer an Italien denken muss.

Auch ein rotlackiertes Gießkännchen ist da mit einem Landschaftsbild drauf, das wildbewegte Meer darstellend nebst einem Schiff und einem Leuchtturm in der Ferne.

Wie gesagt, ich hätte ihr das alles gar nicht zugetraut. Sie zankt immer ihren Mann vor allen Leuten aus; und hat eine sehr laute Stimme.

Aber man sollte die Menschen vielleicht nicht nach kleinen Äußerlichkeiten beurteilen. Wer einen solchen Blumenbalkon hat, der muss irgendwo im Herzen ein stilles Paradiesgärtchen mit sich herumtragen.

Frau Piontek, sagte ich, weiß Gott, Sie haben den schönsten Balkon, den ich je in meinem Leben gesehen habe.

Nicht wahr? schrie sie mit funkelnden Augen, die ganze Straße platzt vor Neid.

Victor Auburtin

Wie glücklich ist der Pessimist

Wie glücklich ist der Pessimist,
Wenn etwas schiefgegangen ist!
Und geht es aller Welt auch schlecht,
Ihm bleibt der Trost: Er hatte recht!
Ein Träger düstrer Unheilsbrillen,
Glaubt er nicht mal an „freien Willen“.

Doch gläubig sind die Optimisten,
Ob sie nun Moslems, Juden, Christen.
Und kommen sie einst alle heil
In Gottes Himmelreich,
Dann sagt der Optimiste: „Weil …“,
Der Pessimist: „Obgleich!“

Mascha Kaléko

Ansteckend

Es war einmal ein Mensch, der meistens schlechte Laune hatte. War es warm, dann beschwerte er sich darüber, dass er schwitzen muss. Regnete es, dann schimpfte er über das miese Wetter. Er war empört, dass die Verkäuferin im Supermarkt so unfreundlich zu ihm war und dass die Kollegen im Geschäft morgens nur einen Gruß murmelten, wenn sie ihn überhaupt grüßten.

Eines Tages ging er durch die Straßen seiner Stadt und ärgerte sich mal wieder über den Müll, der auf der Straße lag, und das Wetter, das schon so früh am Morgen viel zu heiß war – wie sollte man da gut gelaunt sein? Dann rempelte ihn jemand aus Versehen von der Seite an und er brüllte zurück, das sei eine Unverschämtheit und ob er keine Augen im Kopf hätte.

Zufälligerweise war an diesem Tag ein Lächeln unterwegs. Es lag gerade auf dem Gesicht einer jungen Frau, die auf dem Markt Erdbeeren verkaufte. Als der schlecht gelaunte Mann vorbeikam, sagte die Frau zu ihm: „Hallo, darf ich Ihnen vielleicht eine Erdbeere schenken? Es ist so ein schöner Tag und sie werden sich wundern, wie gut dann so eine frische rote Frucht schmeckt!“ Und in diesem Moment beschloss das Lächeln, sich davonzustehlen und dem schlecht gelaunten Mann aufs Gesicht zu legen.

Der nahm ganz gegen seine sonstigen Gewohnheiten die Erdbeere und sagte tatsächlich: „Danke, das ist aber nett!" Dann ging er mit seinem Lächeln weiter durch die Stadt. Plötzlich grüßten ihn die Menschen und die Häuser schienen gar nicht mehr so schäbig zu sein wie sonst. Die Kassiererin im Supermarkt schaute ihn mit großen Augen an und wünschte ihm einen schönen Tag. Und als er wieder draußen stand, dachte er, dass es eigentlich ein wunderschöner Sommertag war und der Himmel so herrlich blau wie schon lange nicht mehr.

Als er zu Hause ankam und seine Einkäufe im Flur abstellte, fiel sein Blick in den Spiegel – beinahe hätte er sich selbst nicht wiedererkannt. Das Lächeln aber fühlte sich so wohl auf seinem Gesicht, dass es beschloss zu bleiben.

Unbekannter Verfasser

„Sozusagen grundlos vergnügt"

Vom Glück der kleinen Dinge

Was mir gefällt

Du fragst: ob mir in dieser Welt
überhaupt noch was gefällt?
Du fragst es und lächelst spöttisch dabei.

„Lieber Freund, mir gefällt noch allerlei:
Jedes Frühjahr das erste Tiergartengrün,
Oder wenn in Werder die Kirschen blühn,
Zu Pfingsten Kalmus und Birkenreiser,
Der alte Moltke, der alte Kaiser,
Und dann zu Pferd, eine Stunde später,
Mit dem gelben Streifen der ‚Halberstädter‘;
Kuckucksrufen, im Wald ein Reh,
Ein Spaziergang durch die Läster-Allee,
Paraden, der Schapersche Goethekopf
Und ein Backfisch mit einem Mozartzopf.“

Theodor Fontane

Wie auch des Lebens Würfel fällt:
Dankt denen, die euch heiter machen.
Nichts ist gesünder auf der Welt,
als ab und zu sich krankzulachen.

Oscar Blumenthal

Halt auf freiem Felde

Erst fangen die Bremsen unter dem langen Wagen an, in tiefem Ton zu singen, dann lässt das regelmäßige Stuckern der Räder nach, die Fenster klirren nicht mehr so einschläfernd. Dann wird die Bewegung des D-Zuges langsamer, ganz vorsichtig zieht er nur noch einher, – dann steht er. Die nicht mehr ganz junge Engländerin in der perlgrauen Ecke des Coupés richtet sich halb hoch; sie ist schlank wie der Schaft einer Lanze, sie hat diskreten guten Geschmack, einen herrlichen Pelz, fleischfarbene seidene Strümpfe, einen hellvioletten Schatten in den Maschen und, aus Angst vor Eisenbahnräubern, eine schäbige, abgetragene schwarze Handtasche. Sie lässt ihr Buch sinken und sieht hinaus. Sie lächelt – mit einem merkwürdigen untergründigen Lächeln. Was ist?

Da draußen steht vor ihrem Bahnwärterhäuschen die ganze kleine Familie! Er: ein strammer, junger Bursche, in Hemdsärmeln, nicht in Adjustierung, denn der Zug hält hier unerwartet, vorn steht ihm das Hemd über einer kräftigen Brust halb offen, seine Haut hat einen braunen Ton, seine Zähne blitzen, er lacht. Sie: eine ganz junge, verschüchterte Frau, zart, schmächtig, mit hellen, dünnen Haaren. Das Kindchen, das auf der Erde krabbelt und sich am Rock der Mutter festhält. Alle drei sehen auf den Zug. Das Kind streckt die kleinen, dicken Hände aus und will alles haben: die Eisenbahn, die vielen Leute an den Fenstern und den weißen Rauch über der Lokomotive. Die junge Frau sieht ganz glücklich und beinah ein bisschen ängstlich auf die Reisenden. Das Abteil erster Klasse hält gerade vor ihr, ihre sehnsüchtigen Blicke sagen: Perlen! und Geld, so viel Geld! und Wein! Und in hohen Sälen tanzen! Sie trinkt für ihr Leben gern Champagner. Der junge Bahnwärter sieht die Leute an und lacht. Die Engländerin lächelt noch immer und zeigt eine Reihe großer Zähne. Plötzlich hat sie ein kräftiges Kinn, und die hellen Pupillen in den Augen weiten sich … Sie isst für ihr Leben gern Rindsbraten, gutes, kräftiges Fleisch mit Senf, auf ungehobeltem Tisch … Einmal, in den Alpen, ist sie einem Mann begegnet, der kam von den Bergen herunter und war vier Wochen allein gewesen. Er hatte nach Erde geschmeckt, nach Quellwasser und sonnigen Steinen … Das Kind kreischt in den Rauch, die schmächtige junge Frau starrt auf die reichen Leute, der Bursche lacht, und die Engländerin sieht noch immer fest auf den jungen Bahnwärter … So sehen sich alle ein paar Minuten an. Aber nun ruckt der Zug an und setzt sich langsam in Bewegung.

Kurt Tucholsky

Das Geheimnis eines glücklichen Einsiedlers

Drei Jäger gingen durch einen dunklen Wald. Sie kamen an eine Höhle, in der ein Einsiedler im dämmrigen Licht auf dem Boden kniete. Sein Gesicht strahlte vor Glückseligkeit.

„Guten Abend, Bruder", begrüßten ihn die drei Jäger. „Du siehst so glücklich aus. Ginge es uns doch so gut wie dir."

„Ich bin immer glücklich!"

„Du tust in dieser einsamen dunklen Höhle Buße und bist glücklich? Uns fehlt es an nichts, aber wir sind nicht glücklich. Was ist dein Geheimnis?"

„Das Geheimnis meines Glücks ist hier", antwortete der Einsiedler und zeigte auf ein kleines Loch in der Höhlenwand. „Schaut es euch an!"

Die drei Jäger schauten nacheinander durch das Loch.

„Du willst uns wohl zum Narren halten?", riefen sie. „Da sind doch nur ein paar Zweige."

„Schaut noch einmal genau hin!"

„Zweige und ein kleines Stück Himmel, weiter nichts!"

„Das ist das Geheimnis meines Glücks", sagte der Einsiedler. „Ein kleines Stück Himmel!"

Zengeschichte

Café de L'Opéra (Im Prater)

Jawohl, eine eigentümliche Beziehung ist zwischen diesen Dingen: Herr; Dame; Mandolinengezirpe; Birke, Platane, Esche; weiße Bogenlampe; und kühler Auen süßer Nachtduft.

Etwas abseits vom schweren Leben ist es. Es schleicht nicht dahin wie Brackwasser. Eine wundervolle Mischung ist es, welche uns heiter macht und leicht. Man fühlt: Wie schön wäre es, wenn ich immerwährend so sorgenlos, so leichten Sinnes wäre. So unbedenklich sitze ich und lausche. Niemanden beneide ich. Eine Rose kaufe ich und schenke sie Signorina Maria. Eine wundervolle Zigarette zünde ich mir an. Wie lieblich die Mandolinen gebaut sind – wie hohle tönende Birnen! Wie die Birkenblätter glitzern! Lorbeerbäume, Aristokraten und Café-Liqueur passen zusammen. Etwas Exzeptionelles ist es. Wie herrlich sind die Antlitze Italiens! Zum Weinen geradezu. Wie frei, wie würdevoll sitzen diese Menschen. Und wenn sie sich vornüber neigen, ist es, wie wenn sie lauschten, irgendwohin. Immer sind sie anderswo, von sich weg. Wenn sie singen, bei ihren Liedern. Wenn sie schweigen, bei ihrem Meere. O wie wundervoll ist das. Es zieht uns mit. Wir haben uns gleichsam von uns empfohlen und sind fortgeschwommen. Addio – – –.

Im leichten Leben stehen wir, wie Aristokraten, welche von ihren Gütern leben, wie Liebende, die sich verloren haben, wie Weise, welchen nichts mehr geschehen könnte, was sie überraschte, überrumpelte.

So unbedenklich sitzen wir und lauschen. Niemanden beneiden wir. Eine wundervolle Zigarette zünden wir uns an. Eine Rose kaufen wir und schenken sie Signorina Maria.

Wie die Birkenblätter glitzern. Wie ruhig die Platane steht. Und wie die Esche mit ihren zarten Blätterfingern bebt! Ganz unbedenklich sitzen wir und schau'n und lauschen.

Noch eine Rose kaufen wir und schenken sie Maria. Und noch eine Rose kaufen wir. Und einen Strauß von Rosen.

Geld spielt keine Rolle.

Wie Aristokraten sind wir, die von ihren Gütern leben. Etwas abseits vom schweren Leben sind wir. Wir schleichen nicht dahin wie Brackwasser. Über uns selbst erstaunen wir.

Signorina Maria – – –!

Peter Altenberg

Befriedigt

Gehorchen wird jeder mit Genuss
Den Frauen, den hochgeschätzten,
Hingegen machen uns meist Verdruss
Die sonstigen Vorgesetzten.

Nur wenn ein kleines Missgeschick
Betrifft den Treiber und Leiter,
Dann fühlt man für den Augenblick
Sich sehr befriedigt und heiter.

Als neulich am Sonntag der Herr Pastor
Eine peinliche Pause machte,
Weil er den Faden der Rede verlor,
Da duckt sich der Küster und lachte.

Wilhelm Busch

Vergnügungen

Der erste Blick aus dem Fenster am Morgen
Das wiedergefundene alte Buch
Begeisterte Gesichter
Schnee, der Wechsel der Jahreszeiten
Die Zeitung
Der Hund
Die Dialektik
Duschen, Schwimmen
Alte Musik
Bequeme Schuhe
Begreifen
Neue Musik
Schreiben, Pflanzen
Reisen
Singen
Freundlich sein.

Bertolt Brecht

Sozusagen grundlos vergnügt

Ich freu mich, dass am Himmel Wolken ziehen
Und dass es regnet, hagelt, friert und schneit.
Ich freu mich auch zur grünen Jahreszeit,
Wenn Heckenrosen und Holunder blühen.
– Dass Amseln flöten und dass Immen summen,
Dass Mücken stechen und dass Brummer brummen.
Dass rote Luftballons ins Blaue steigen.
Dass Spatzen schwatzen. Und dass Fische schweigen.

Ich freu mich, dass der Mond am Himmel steht
Und dass die Sonne täglich neu aufgeht.
Dass Herbst dem Sommer folgt und Lenz dem Winter
Gefällt mir wohl. Da steckt ein Sinn dahinter,
Wenn auch die Neunmalklugen ihn nicht sehn.
Man kann nicht alles mit dem Kopf verstehn!
Ich freue mich. Das ist des Lebens Sinn.
Ich freue mich vor allem, dass ich bin.

In mir ist alles aufgeräumt und heiter;
Die Diele blitzt. Das Feuer ist geschürt.
An solchem Tag erklettert man die Leiter,
Die von der Erde in den Himmel führt.
Da kann der Mensch, wie es ihm vorgeschrieben,
– Weil er sich selber liebt – den Nächsten lieben.
Ich freue mich, dass ich mich an das Schöne
Und an das Wunder niemals ganz gewöhne.

Dass alles so erstaunlich bleibt, und neu!
Ich freu mich, dass ich … Dass ich mich freu.

Mascha Kaléko

Modern Times

Mein Sohn bekommt so viel Spielzeug in einem Jahr, wie ich in meiner ganzen Kindheit nicht bekommen habe. Aber nur um wenige Geschenke beneide ich ihn. Eine wunderschöne große Wandtafel etwa, an der er heute schon viel mutiger mit Kreide schreibt als ich im Abiturjahr. In der Schule an der Tafel zu stehen, war für mich der reine Horror. Meine Schrift, ansonsten schön und geschwungen, wurde da so krakelig, als führten die Hühner meiner Großmutter mir die Hand.

Auch eine kleine Mineraliensammlung, die mein Sohn von demselben großzügigen Ehepaar geschenkt bekam wie die Wandtafel, erfreut mein Herz bei jedem Anblick. Ich träumte als Kind immer davon, einen Edelstein zu finden, und unternahm halsbrecherische Klettertouren und holte mir schmerzhafte Schürfwunden beim Kriechen durch felsige Höhlen und Tunnel, doch gefunden habe ich nie etwas – und er hat eine ganze Schachtel voller glitzernder Schönheit einfach nur so bekommen!

Letzte Woche schenkte ihm eine Freundin eine Wanduhr, aus der zu jeder vollen Stunde eine Vogelstimme ertönt: Die Nachtigall singt um eins, die Lerche tiriliert um zwei, der Sperling tschilpt um drei, die Drossel pfeift um vier, der Kanarienvogel trillert um fünf, die Amsel flötet um sechs, der Distelfink zwitschert um sieben und so weiter. Jeden Vogel hört man zweimal hintereinander. Die ausgeklügelte Elektronik ermöglicht eine herrliche Wiedergabe seines Gesangs. Er ist so lebensecht, dass eine Nachbarin, die ahnungslos im Zimmer meines Sohnes dessen Zeichnungen anschaute, sich fast zu Tode erschreckte, als hinter ihr plötzlich laut ein Uhu rief.

Vor zwei Tagen klingelte mein Wecker um fünf vor sechs. Ich wachte auf, lächelte und schloss noch einmal die Augen, um mir noch ein paar Minuten zu ermogeln, bevor der Alltag jede Ruhe raubt. Punkt sechs hörte ich die Amsel zweimal hintereinander. Dann flötete sie zum dritten, vierten, fünften Mal. Sie hörte gar nicht mehr auf. Immer wieder sang die Amsel von Neuem, als hinge eine Schallplatte an einer Rille fest.

„Oje, die Uhr ist kaputt“, sagte ich traurig. Heutzutage kann man solche Dinge nicht mehr reparieren. Meine Frau wachte auf und fragte verschlafen: „Was ist denn los?“

„Die Uhr ist kaputt. Normalerweise singt jeder Vogel nur zweimal, und jetzt hört die Amsel überhaupt nicht mehr auf.“

Meine Frau lauschte kurz.

„Hongkong“, sagte sie nur, drehte sich um und genoss ihrerseits die Ruhe vor dem Sturm.

Und das Lied der Amsel nahm einfach kein Ende. Ich stand auf und wollte die Batterien aus der Uhr herausnehmen.

Aber auf dem Weg merkte ich plötzlich, dass der Gesang nicht aus dem Zimmer meines Sohnes, sondern vom Fenster kam. Ich schaute hinaus. Eine Amsel saß auf der Fensterbank und begrüßte fröhlich den neuen Tag.

Rafik Schami

Schenken

Schenke groß oder klein,
Aber immer gediegen.
Wenn die Bedachten
Die Gaben wiegen,
Sei dein Gewissen rein.

Schenke herzlich und frei.
Schenke dabei
Was in dir wohnt
An Meinung, Geschmack und Humor,
Sodass die eigene Freude zuvor
Dich reichlich belohnt.

Schenke mit Geist ohne List,
Sei eingedenk,
Dass dein Geschenk
Du selber bist.

Joachim Ringelnatz

Wünsche für den morgigen Tag

In China trafen sich einmal drei alte Männer, die früher einmal miteinander zur Schule gegangen waren. Aus dem einen von ihnen war ein Statthalter des Kaisers geworden, aus dem anderen ein Gelehrter, aus dem dritten ein Gärtner. Als sie nun so beisammensaßen und sich über ihr Leben unterhielten, kamen sie auch auf die Wünsche zu sprechen, die sie noch an das Leben hatten. Dabei stellten sie fest, dass sie immer nur Wünsche für den folgenden Tag hatten, da sie ja schon alt waren und jeder Tag ihnen wie ein Geschenk vorkam.

„Ich wünsche mir für den morgigen Tag", sagte der Statthalter, „eine Porzellanschale voll köstlichen Tees und ein stolzes Pferd zum Ausreiten. Mehr Wünsche habe ich nicht."

„Ich", sagte der Gelehrte, „wünsche mir für den morgigen Tag eine Schale süßer Trinkschokolade und gute Augen, um ein schönes Buch zu lesen."

„Und ich", sagte der Gärtner, „ich wünsche mir für den morgigen Tag, dass die Sonne aufgeht, wie sie es immer getan hat, dass der Quell nicht versiegt, von dem ich morgens trinke, und dass die Vögel in den Bäumen singen, von deren Früchten ich mich nähre."

In der Nacht, die diesem Gespräch folgte, gab es ein großes Erdbeben in China. Als der Statthalter tags darauf seinen Tee trinken wollte, konnte er's nicht; denn die porzellanene Schale dafür war zerbrochen; und als er mit dem Pferd ausreiten wollte, konnte er's gleichfalls nicht; denn einstürzende Mauern hatten sein Pferd erschlagen.

Dem Gelehrten erging es ähnlich wie dem Statthalter. Als er seine Schokolade trinken wollte, fehlte dafür die Schale; und als er in einem schönen Buche lesen wollte, konnte er's nicht; denn seine Bibliothek war eingestürzt, und alle seine Bücher waren verbrannt.

Dem Gärtner aber ging es anders als dem Statthalter und dem Gelehrten. Als er erwachte, ging die Sonne auf, wie er es sich gewünscht hatte. Als er zum Quell ging, um daraus zu trinken, sprudelte der immer noch. Und als er in den Garten ging, der von dem Erdbeben verwüstet war, standen dort immer noch einige Bäume, die Früchte trugen, und in den Bäumen sangen die Vögel.

Seitdem sagt ein Sprichwort in China: „Wer sich für den folgenden Tag am wenigsten wünscht, der ist am glücklichsten dran."

Aus China

Gut gedrillt

Ein Mensch steht stumm, voll schlechter Laune,
An einem hohen Gartenzaune
Und müht sich mit gestreckten Zehen,
In dieses Paradies zu sehen
Und schließt aus dem erspähten Stück:
Hier wohnt der Reichtum, wohnt das Glück.
Der Sommer braust im hohen Laub,
Der Mensch schleicht durch den Straßenstaub
Und denkt, indes er sich entfernt,
Was in der Schule er gelernt:
Dass bloßer Reichtum nicht genügt,
Indem dass oft der Schein betrügt.
Der Mensch ist plötzlich so bewegt,
Dass Mitleid heiß sich in ihm regt
Mit all den armen reichen Leuten –
Er weiß es selber kaum zu deuten.
Doch wir bewundern wieder mal
Dies Glanzdressurstück der Moral.

Eugen Roth

Ich bin der reichste Mann der Welt!

Ich bin der reichste Mann der Welt!

Meine silbernen Yachten
schwimmen auf allen Meeren.

Goldne Villen glitzern durch meine Wälder in Japan,
in himmelhohen Alpenseen spiegeln sich
meine Schlösser,
auf tausend Inseln hängen meine purpurnen Gärten.

Ich beachte sie kaum.

An ihren aus Bronze gewundenen Schlangengittern
geh ich vorbei,
über meine Diamantgruben
lass ich die Lämmer grasen.

Die Sonne scheint,
ein Vogel singt,
ich bücke mich
und pflücke eine kleine Wiesenblume.

Und plötzlich weiß ich: ich bin der ärmste Bettler!

Ein Nichts ist meine ganze Herrlichkeit
vor diesem Tautropfen,
der in der Sonne funkelt.

Arno Holz

Das Glück, eine ziehende Wolke

Der Meister sprach: „Gewöhnliche Speise zur Nahrung, Wasser als Trank und den gebogenen Arm als Kissen: Auch dabei kann man fröhlich sein; aber ungerechter Reichtum und Ehren dazu sind für mich nur flüchtige Wolken."

Konfuzius

Das Hemd des Glücklichen

Ein König war schwer krank und niemand konnte ihm helfen. Da ließ er im ganzen Land verkünden, dass er demjenigen die Hälfte des Reiches geben würde, dem es gelänge, ihn gesund zu machen. Alle Weisen des Landes versammelten sich und überlegten, wie man den König heilen könnte. Doch niemand hatte ein Mittel. Nur ein alter Mann meinte, dass es möglich sei, den Herrscher zu heilen. Er sagte: „Man muss einen vollkommen glücklichen Menschen finden, ihm das Hemd ausziehen und es dem König anziehen. Dann wird der König genesen."

Sogleich schickte der König seine Boten überallhin, dass man in seinem weiten Reich einen glücklichen Menschen suche. Aber die Beauftragten, solange sie auch im ganzen Land umherreisten, konnten keinen Glücklichen finden. Nicht einen gab es, der zufrieden war. War einer reich, so litt er an Krankheit und Schmerzen; war ein anderer gesund, so drückten ihn Armut und Not. Wer gesund und reich war, der hatte eine bösartige Frau, oder seine ungeratenen Kinder bereiteten ihm Sorge. Kurz und gut, jeder beklagte sich über sein Schicksal und nannte es ungerecht.

Aber einmal ging der Sohn des Königs spätabends an einer armseligen Hütte vorbei und hörte drinnen jemanden zu sich selbst sprechen: „Gottlob, zu tun gab es heute wieder genug, ich habe mich sattgegessen und nun lege ich mich schlafen. Was braucht es mehr? Ich bin der glücklichste Mensch!"

Wie der Königssohn diese Worte vernahm, freute er sich. Er befahl seinen Dienern, diesem Menschen das Hemd auszuziehen und ihm dafür so viel Geld zu geben, wie er verlange, und das Hemd gleich dem König zu bringen. Die Diener gingen zu dem glücklichen Menschen hin und wollten ihm das Hemd ausziehen. Aber der Glückliche war so arm, dass er nicht einmal ein Hemd am Leibe hatte.

Traditionelle Erzählung

Gebet um Humor

Schenke mir eine gute Verdauung, Herr,
und auch etwas zum Verdauen.
Schenke mir Gesundheit des Leibes,
mit dem nötigen Sinn dafür,
ihn möglichst gut zu erhalten.

Schenke mir eine heilige Seele, Herr,
die das im Auge behält, was gut ist und rein,
damit sie im Anblick der Sünde nicht erschrecke,
sondern das Mittel finde,
die Dinge wieder in Ordnung zu bringen.

Schenke mir eine Seele,
der die Langeweile fremd ist, die kein Murren
kennt und kein Seufzen und Klagen,
und lass nicht zu,
dass ich mir allzu viel Sorgen mache
um dieses sich breitmachende Etwas,
das sich „Ich“ nennt.

Herr, schenke mir Sinn für Humor,
gib mir die Gnade,
einen Scherz zu verstehen,
damit ich ein wenig Glück kenne im Leben
und anderen davon mitteile.

Thomas Morus

„Ach, was sind wir doch für dumme Leute, wir geniessen nie das Heute.“

Die Kunst, in der Gegenwart zu leben

Anekdote zur Senkung der Arbeitsmoral

In einem Hafen an der westlichen Küste Europas liegt ein ärmlich gekleideter Mann in seinem Fischerboot und döst. Ein schick angezogener Tourist legt eben einen neuen Farbfilm in seinen Fotoapparat, um das idyllische Bild zu fotografieren: blauer Himmel, grüne See mit friedlichen, schneeweißen Wellenkämmen, schwarzes Boot, rote Fischermütze. Klick. Noch einmal: klick, und da aller guten Dinge drei sind, und sicher sicher ist, ein drittes Mal: klick. Das spröde, fast feindselige Geräusch weckt den dösenden Fischer, der sich schläfrig aufrichtet, schläfrig nach seiner Zigarettenschachtel angelt; aber bevor er das Gesuchte gefunden, hat ihm der eifrige Tourist schon eine Schachtel vor die Nase gehalten, ihm die Zigarette nicht gerade in den Mund gesteckt, aber in die Hand gelegt, und ein viertes Klick, das des Feuerzeuges, schließt die eilfertige Höflichkeit ab. Durch jenes kaum messbare, nie nachweisbare Zuviel an flinker Höflichkeit ist eine gereizte Verlegenheit entstanden, die der Tourist – der Landessprache mächtig – durch ein Gespräch zu überbrücken versucht.

„Sie werden heute einen guten Fang machen."

Kopfschütteln des Fischers.

„Aber man hat mir gesagt, dass das Wetter günstig ist."

Kopfnicken des Fischers.

„Sie werden also nicht ausfahren?"

Kopfschütteln des Fischers, steigende Nervosität des Touristen. Gewiss liegt ihm das Wohl des ärmlich gekleideten Menschen am Herzen, nagt an ihm die Trauer über die verpasste Gelegenheit.

„Oh, Sie fühlen sich nicht wohl?"

Endlich geht der Fischer von der Zeichensprache zum wahrhaft gesprochenen Wort über. „Ich fühle mich großartig", sagt er. „Ich habe mich nie besser gefühlt." Er steht auf, reckt sich, als wollte er demonstrieren, wie athletisch er gebaut ist. „Ich fühle mich fantastisch."

Der Gesichtsausdruck des Touristen wird immer unglücklicher, er kann die Frage nicht mehr unterdrücken, die ihm sozusagen das Herz zu sprengen droht: „Aber warum fahren Sie dann nicht aus?"

Die Antwort kommt prompt und knapp. „Weil ich heute Morgen schon ausgefahren bin."

„War der Fang gut?"

„Er war so gut, dass ich nicht noch einmal auszufahren brauche, ich habe vier Hummer in meinen Körben gehabt, fast zwei Dutzend Makrelen gefangen …"

Der Fischer, endlich erwacht, taut jetzt auf und klopft dem Touristen beruhigend auf die Schultern. Dessen besorgter Gesichtsausdruck erscheint ihm als ein Ausdruck zwar unangebrachter, doch rührender Kümmernis.

„Ich habe sogar für morgen und übermorgen genug“, sagt er, um des Fremden Seele zu erleichtern. „Rauchen Sie eine von meinen?“

„Ja, danke.“ Zigaretten werden in Münder gesteckt, ein fünftes Klick, der Fremde setzt sich kopfschüttelnd auf den Bootsrand, legt die Kamera aus der Hand, denn er braucht jetzt beide Hände, um seiner Rede Nachdruck zu verleihen.

„Ich will mich ja nicht in Ihre persönlichen Angelegenheiten mischen“, sagt er, „aber stellen Sie sich mal vor, Sie führen heute ein zweites, ein drittes, vielleicht sogar ein viertes Mal aus und Sie würden drei, vier, fünf, vielleicht gar zehn Dutzend Makrelen fangen … stellen Sie sich das mal vor.“

Der Fischer nickt.

„Sie würden“, fährt der Tourist fort, „nicht nur heute, sondern morgen, übermorgen, ja, an jedem günstigen Tag zwei-, dreimal, vielleicht viermal ausfahren – wissen Sie, was geschehen würde?“

Der Fischer schüttelt den Kopf.

„Sie würden sich in spätestens einem Jahr einen Motor kaufen können, in zwei Jahren ein zweites Boot, in drei oder vier Jahren könnten Sie vielleicht einen kleinen Kutter haben, mit zwei Booten oder dem Kutter würden Sie natürlich viel mehr fangen – eines Tages würden Sie zwei Kutter haben, Sie würden …“, die Begeisterung verschlägt ihm für ein paar Augenblicke die Stimme, „Sie würden ein kleines Kühlhaus bauen, vielleicht eine Räucherei, später eine Marinadenfabrik, mit einem eigenen Hubschrauber rundfliegen, die Fischschwärme ausmachen und Ihren Kuttern per Funk Anweisung geben. Sie könnten die Lachsrechte erwerben, ein Fischrestaurant eröffnen, den Hummer ohne Zwischenhändler direkt nach Paris exportieren – und dann …“, wieder verschlägt die Begeisterung dem Fremden die Sprache. Kopfschüttelnd, im tiefsten Herzen betrübt, seiner Urlaubsfreude schon fast verlustig, blickt er auf die friedlich hereinrollende Flut, in der die ungefangenen Fische munter springen. „Und dann“, sagt er, aber wieder verschlägt ihm die Erregung die Sprache.

Der Fischer klopft ihm auf den Rücken, wie einem Kind, das sich verschluckt hat. „Was dann?“, fragt er leise.

„Dann“, sagt der Fremde mit stiller Begeisterung, „dann könnten Sie beruhigt hier im Hafen sitzen, in der Sonne dösen – und auf das herrliche Meer blicken.“

„Aber das tu ich ja schon jetzt“, sagt der Fischer, „ich sitze beruhigt am Hafen und döse, nur Ihr Klicken hat mich dabei gestört.“

Tatsächlich zog der solcherlei belehrte Tourist nachdenklich von dannen, denn früher hatte er auch einmal geglaubt, er arbeite, um eines Tages einmal nicht mehr arbeiten zu müssen, und es blieb keine Spur von Mitleid mit dem ärmlich gekleideten Fischer in ihm zurück, nur ein wenig Neid.

Heinrich Böll

Das Geheimnis der Zufriedenheit

Einmal kamen ein paar Suchende zu einem alten Zenmeister.

„Meister“, fragte einer von ihnen „was tust du, um glücklich und zufrieden zu sein? Ich wäre auch gerne so glücklich wie du.“

Der Alte antwortete mild lächelnd: „Wenn ich liege, dann liege ich. Wenn ich aufstehe, dann stehe ich auf. Wenn ich gehe, dann gehe ich und wenn ich esse, dann esse ich.“

Die Suchenden schauten fragend und etwas betreten in die Runde. Einer von ihnen machte seinen Zweifeln Luft: „Treibe bitte keinen Spott mit uns. Was du sagst, tun wir auch. Wir schlafen, wir essen, wir gehen. Aber wir sind nicht glücklich. Was ist also dein Geheimnis?“

Er bekam die gleiche Antwort: „Wenn ich liege, dann liege ich. Wenn ich aufstehe, dann stehe ich auf. Wenn ich gehe, dann gehe ich und wenn ich esse, dann esse ich.“

Die Unruhe und den Unmut der Suchenden betrachtend, fügte der Meister nach einer Weile hinzu: „Sicher: auch ihr liegt, auch ihr steht auf, auch ihr geht und auch ihr esst. Aber während ihr liegt, denkt ihr schon ans Aufstehen. Während ihr aufsteht, überlegt ihr, wohin ihr geht und während ihr geht, fragt ihr Euch, was ihr essen werdet. So sind eure Gedanken ständig woanders und nicht da, wo ihr gerade seid. In dem Schnittpunkt zwischen Vergangenheit und Zukunft findet das eigentliche Leben statt. Lasst euch auf diesen nicht messbaren Augenblick ganz ein und ihr habt die Chance, wirklich glücklich und zufrieden zu sein."

Weisheitsgeschichte

Gib das Leiden auf

Ein älterer Mönch kam zu einem Zenmeister und sagte: „Ich habe in meinem Leben viele spirituelle Lehrer aufgesucht und im Laufe der Zeit immer mehr Vergnügungen aufgegeben, um meine Begierden zu bekämpfen. Ich habe lange gefastet, mich jahrelang dem Zölibat unterworfen und mich regelmäßig kasteit. Ich habe alles getan, was von mir verlangt wurde, und ich habe wahrhaft gelitten, doch die Erleuchtung wurde mir nicht zuteil. Alles habe ich aufgegeben, jede Gier, jede Freude, jedes Streben fallengelassen. Was soll ich jetzt noch tun?" Der Meister erwiderte: „Gib das Leiden auf!"

Zengeschichte

Immer weiter

Ach, was sind wir dumme Leute –
Wir genießen nie das Heute.
Unser ganzes Menschenleben
Ist ein Hasten, ist ein Streben,
Ist ein Bangen, ist ein Sorgen –
Heute denkt man schon an morgen,
Morgen an die spätre Zeit –
Und kein Mensch genießt das Heut.
Auf des Lebens Stufenleiter
Eilt man weiter, immer weiter –

Ja, wir leben zu geschwind heut –
Gar zu schnell entflieht die Kindheit –
Schon der Knabe in der Schule
Sitzt nervös auf seinem Stuhle –
Von der Fibel wird ihm übel –
Nur mit Sträuben lernt er schreiben
Und am liebsten möcht er raus
Aus dem schönen Elternhaus,
Denn er glaubt, es sei gescheiter:
Immer weiter, immer weiter –

Kommt er später in die Lehre,
Denkt die halberwachsne Jöhre:
Wenn ich nur erst größer wäre,
Als Soldat beim Militäre.
Aber ist er dann Rekrute,

Ei – wie ist ihm dann zumute –
Ja, dann singt er andre Lieder:
Nach der Heimat möcht ich wieder!
Wär ich nur mal erst Gefreiter
Und dann weiter, immer weiter. –

Ist vom Militär er eben,
Denkt er schon ans Eheleben.
Ja, in einem Tanzlokale
Sieht er sie zum ersten Male –
Und am Abend bringt ers Liebchen
Schon nach Haus bis vor ihr Stübchen.
Hold errötend sagt die Maid:
„Junger Mann, Sie gehn zu weit!"
Doch trotzdem geht der Begleiter
Immer weiter, immer weiter –

Er, noch ganz erhitzt vom Tanze,
Sagt zu ihr: „Ich geh aufs Ganze!"
Immer näher kommt zur Maid er –
Sie rückt weiter, immer weiter.
„Komm", sagt er, „'s ist nicht gefährlich,
Wirst mein Weibchen brav und ehrlich,
In sechs Wochen bist du mein" –
Und er küsst das Mägdelein!
Und nun sagt sie froh und heiter:
„Küsse weiter, immer weiter" –

Ja, nun zählt er die Sekunden
Bis man ihn mit ihr verbunden.
Ist das nicht ein toller Einfall?
'S hat doch Zeit mit solchem Reinfall!
Er nimmt die geknickte Lilie,
Bald vermehrt sich die Familie,
Und nach Kurzem hat er schon
Auf dem Schoß den ersten Sohn.
Erst kommt einer – dann ein zweiter –
Und so weiter, immer weiter –

Nun beginnt erst recht das Plagen,
Oft hört man die beiden sagen:
„Wenn wir nur die Sorgen los sind,
Wenn die Kinder nur erst groß sind –
Dann strahlt uns der Himmel heiter."
Und sie schaffen immer weiter,
Lassen blind beim Vorwärtsgehn
Ihres Lebens Rosen stehn,
Suchen Tausendguldenkräuter
Immer weiter, immer weiter –

So entflieht die Zeit wie'n Traum
Und die beiden merkens kaum –
Erst verheiratn sie ihr Mariechen,
Dann verlobn sie ihr Sophiechen,
Dann kommt Walter zur Marine,
Dann lernt Englisch die Pauline –
Dann macht Wilhelm sein Examen –

Dann kommn noch zwei junge Damen –
Eine sechzehn – eine vierzehn –
Das kost Kleider, Hüte, Schürzen,
Um die richtig auszustatten
Für den künftgen Herrn und Gatten.
Niemals weiß man, wie man dran ist,
Nie gibts Ruhe – nie gibts Frieden –
Wenn die eine an den Mann ist,
Ist die andre schon geschieden.
Wenn die Jüngste noch zu haben,
Hat die Ältste schon nen Knaben,
Erst kommt einer – dann ein zweiter
Und so weiter, immer weiter –

Sehn Sie, so entfliehn die Jahre.
Großpapa hat weiße Haare –
Und der Mondschein zieht sich breiter,
Immer weiter, immer weiter –
Und er seufzt: „Wie schön der Mai ist,
Sieht man erst, wenn er vorbei ist.
Ach, wir waren blind“, so klagt er,
Und zu seinem Enkel sagt er:
„Nutz den Frühling deines Lebens,
Leb im Sommer nicht vergebens,
Denn gar bald stehest du im Herbste,
Bis der Winter naht, dann sterbste –
Und die Welt geht trotzdem heiter
Immer weiter“ –

Otto Reutter

Glücksbohnen

Es war eine alte Frau, die nie ihr Haus verließ, ohne vorher eine Handvoll Bohnen in ihre linke Jackentasche zu stecken. Sie tat dies nicht, um die Bohnen unterwegs zu kauen. Nein, sie nahm sie mit, um alles Schöne, das ihr an diesem Tag widerfuhr, zu zählen. Ein freundlicher Blick auf der Straße, ein nettes Gespräch, das Lachen eines Kindes, das Zwitschern eines Vogels, ein leckeres Stück Kuchen – und jedesmal wanderte eine Bohne von der linken in die rechte Jackentasche. Manchmal waren es sogar zwei oder drei Bohnen auf einmal.

Wenn die Frau dann am Abend in der rechten Jackentasche nachschaute, fand sie dort meistens mehrere Bohnen, die an diesem Tag die Tasche gewechselt hatten. Bei jeder Bohne, die sie zählte, führte sie sich die glücklichen Momente des Tages wieder vor Augen. Sogar an den Tagen, an denen sie nur eine einzige Bohne aus ihrer Tasche zog, freute sie sich, denn auch dieser eine glückliche Moment hatte aus dem Tag einen Tag gemacht, für den es sich gelohnt hatte zu leben. Er hatte aus einem gewöhnlichen Tag einen gemacht, an den sie sich gern erinnern würde.

Weisheitsgeschichte

Seid mir nur nicht gar zu traurig

Seid mir nur nicht gar zu traurig,
Dass die schöne Zeit entflieht,
Dass die Welle kühl und schaurig
Uns in ihre Wirbel zieht;

Dass des Herzens süße Regung,
Dass der Liebe Hochgenuss,
Jene himmlische Bewegung,
Sich zur Ruh begeben muss.

Lasst uns lieben, singen, trinken,
Und wir pfeifen auf die Zeit;
Selbst ein leises Augenwinken
Zuckt durch alle Ewigkeit.

Wilhelm Busch

Oktoberlied

Der Nebel steigt, es fällt das Laub;
Schenk ein den Wein, den holden!
Wir wollen uns den grauen Tag
Vergolden, ja vergolden!

Und geht es draußen noch so toll,
Unchristlich oder christlich,
Ist doch die Welt, die schöne Welt,
So gänzlich unverwüstlich!

Und wimmert auch einmal das Herz –
Stoß an und lass es klingen!
Wir wissen's doch, ein rechtes Herz
Ist gar nicht umzubringen.

Der Nebel steigt, es fällt das Laub;
Schenk ein den Wein, den holden!
Wir wollen uns den grauen Tag
Vergolden, ja vergolden!

Wohl ist es Herbst; doch warte nur,
Doch warte nur ein Weilchen!
Der Frühling kommt, der Himmel lacht,
Es steht die Welt in Veilchen.

Die blauen Tage brechen an,
Und ehe sie verfließen,
Wir wollen sie, mein wackrer Freund,
Genießen, ja genießen!

Theodor Storm

Chancenlos

Ein frommer und religiöser Mann hatte schwere Zeiten durchzumachen. Er versuchte es nun mit folgendem Gebet:

„Herr, erinnere dich an all die Jahre, in denen ich dir diente, so gut ich konnte und nichts dafür verlangte. Nun, da ich alt und bankrott bin, möchte ich dich zum ersten Mal in meinem Leben um eine Gunst bitten, und ich bin sicher, du wirst sie nicht abschlagen: lass mich in der Lotterie gewinnen."

Tage vergingen, dann Wochen und Monate. Nichts geschah. Schließlich rief er eines Nachts voller Verzweiflung: „Warum gibst du mir keine Chance, Gott?"

Plötzlich hörte er die Stimme Gottes: „Gib mir auch eine Chance! Warum kaufst du dir kein Los?"

Anthony de Mello

Glück

Eines Morgens erwachte ich, ein lebhafter Knabe von vielleicht zehn Jahren, mit einem ganz ungewöhnlichen holden und tiefen Gefühl von Freude und Wohlsein, das mich wie eine innere Sonne durchstrahlte, so als sei jetzt eben, in diesem Augenblick des Erwachens aus einem guten Knabenschlaf, etwas Neues und Wunderbares geschehen, als sei meine ganze klein-große Knabenwelt in einen neuen und höhern Zustand, in ein neues Licht und Klima eingetreten, als habe das ganze schöne Leben erst jetzt, an diesem frühen Morgen, seinen vollen Wert und Sinn bekommen. Ich wusste nichts von gestern noch von morgen, ich war von einem glückhaften Heute umfangen und sanft umspült. Es tat wohl und wurde von Sinnen und Seele ohne Neugierde und ohne Rechenschaft gekostet, es durchrann mich und schmeckte herrlich.

Es war Morgen, durchs hohe Fenster sah ich über dem langen Dachrücken des Nachbarhauses den Himmel heiter in reinem Hellblau stehen, auch er schien voll Glück, als habe er Besonderes vor und habe dazu sein hübschestes Kleid angezogen. Mehr war von meinem Bette aus von der Welt nicht zu sehen, nur eben dieser schöne Himmel und das lange Stück Dach vom Nachbarhause, aber auch dies Dach, dies langweilige und öde Dach aus dunkel rotbraunen Ziegeln schien zu lachen, es ging über eine steile schattige Schrägwand ein leises Spiel von Farben, und eine einzelne bläuliche Glaspfanne zwischen den roten tönernen schien lebendig und schien freudig bemüht, etwas von diesem so leise uns stetig strahlenden Frühhimmel zu spiegeln. Der Himmel, die etwas raue Kante des Dachrückens, das uniformierte Heer der braunen und das luftig dünne Blau des einzigen Glasziegels schienen auf eine schöne und erfreuliche Weise miteinander einverstanden, sie hatten sichtlich nichts andres im Sinn, als in dieser besonderen Morgenstunde einander anzulachen und es gut miteinander zu meinen. Himmelblau, Ziegelbraun und Glasblau hatten einen Sinn, sie gehörten zusammen, sie spielten miteinander, es war ihnen wohl, und es war gut und tat wohl, sie zu sehen, ihrem Spiel beizuwohnen, sich vom selben Morgenglanz und Wohlgefühl durchflossen zu fühlen wie sie.

So lag ich, den beginnenden Morgen samt dem ruhigen Nachgefühl des Schlafes genießend, eine schöne Ewigkeit in meinem Bett, und ob ich ein gleiches oder ähnliches Glück noch andre Male in meinem Leben gekostet habe, tiefer und wirklicher konnte keines sein: die Welt war in Ordnung. Und ob dieses Glück hundert Sekunden oder zehn Minuten gedauert habe, es war so außerhalb der Zeit, dass es jedem andern echten Glücke so vollkommen glich wie ein flatternder Bläuling dem andern.

Es war vergänglich, es wurde von der Zeit überspült, aber es war tief und ewig genug, um über mehr als sechzig Jahre hinweg mich noch heute zu sich zurückzurufen und zu ziehen, dass ich mit müden Augen und schmerzenden Fingern darum bemüht sein muss, es anzurufen und ihm zuzulächeln, es nachzubilden und zu beschreiben. Es bestand aus nichts, dieses Glück, als aus dem Zusammenklang der paar Dinge um mich her mit meinem eigenen Sein, aus einem wunschlosen Wohlsein, das nach keiner Änderung, keiner Steigerung verlangte.

Es war noch Stille im Haus, und auch von außen her kein Laut. Wäre diese Stille nicht gewesen, so hätte vermutlich die Erinnerung an die alltäglichen Pflichten, an das Aufstehen und den Gang zur Schule mein Wohlsein gestört. Aber es war offenbar weder Tag noch Nacht, es war das süße Licht und das lachende Blau zwar vorhanden, aber kein Mägdetrab über die Sandsteinfliesen des Vorplatzes, keine knarrende Tür, kein Bäckerbubenschritt auf den Treppen. Dieser Morgen-Augenblick war außerhalb der Zeit, er rief zu nichts, er wies auf nichts Kommendes hin, er war sich selbst genug, und da er mich ganz mit in sich begriff, gab es auch für mich keinen Tag, keinen Gedanken an Aufstehen und Schule, an halb gemachte Aufgaben oder schlecht gelernte Vokabeln, an hastiges Frühstücken im frisch gelüfteten Esszimmer drüben.

Die Ewigkeit des Glückes erfuhr diesmal ihren Zerfall durch eine Steigerung des Schönen, durch ein Mehr und Zuviel an Freude. Während ich so lag und mich nicht rührte, und die lichte stille Morgenwelt in mich eindrang und mich in sich aufnahm, stieß aus der Ferne her etwas Ungewohntes, etwas Glänzendes und Überhelles golden und triumphierend durch die Stille, voll strotzender Freude, voll lockender und weckender Süßigkeit: der Klang einer Trompete. Und schon war, während ich, nun erst völlig wach, mich im Bett aufrichtete und die Decke zurückschlug, der Klang zweistimmig und mehrstimmig geworden: Es war die Stadtmusik, die mit klingendem Spiel durch die Gassen marschierte, ein überaus seltenes und aufregendes Ereignis voll schmetternder Festlichkeit, dass mir das Kinderherz im Leibe zugleich lachte und schluchzte, als wäre alles Glück, aller Zauber der seligen Stunde in diese aufreizenden scharfsüßen Töne zusammengeflossen und ergösse sich nun, geweckt und ins Zeitliche und Vergängliche zurückgekehrt. In einer Sekunde war ich aus dem Bett, bebend vor Festfreude, stürzte zur Tür und ins Nebenzimmer, aus dessen Fenstern man die Straße sehen konnte. In einem Taumel von Entzücken, von Neugierde und Dabeiseinwollen legte ich mich in ein offenes Fenster, hörte beglückt die schwellenden und hochmütigen Klänge der näher kommenden Musik, sah und hörte die Nachbarhäuser und die Straßen erwachen, lebendig werden und sich mit Gesichtern, Gestalten und Stimmen anfüllen – und in derselben Sekunde wusste ich auch alles wieder, was ich in jenem Wohlsein zwischen Schlaf und Tag so ganz vergessen hatte. Ich wusste, daß in der Tat heute keine Schule sei, sondern ein hoher Festtag, ich glaube, es war des Königs Geburtstag, dass es Umzüge, Fahnen, Musik und unerhörte Belustigungen geben werde.

Und mit diesem Wissen war ich zurückgekehrt, stand ich wieder unter den Gesetzen, die den Alltag beherrschen, und wenn es auch kein Alltag war, sondern ein Festtag, zu dem die metallenen Töne mich erweckt hatten, so war doch das Eigentliche und Schöne und Göttliche dieses Morgenzaubers schon vergangen und hinter dem kleinen holden Wunder schlugen die Wellen der Zeit, der Welt, der Gewöhnlichkeit wieder zusammen.

Hermann Hesse

Lebensregel

Willst du dir ein hübsch Leben zimmern,
Musst dich ums Vergangne nicht bekümmern;
Das Wenigste muss dich verdrießen;

Musst stets die Gegenwart genießen,
Besonders keinen Menschen hassen
Und die Zukunft Gott überlassen.

Johann Wolfgang von Goethe

Da kommt mir eben so ein Freund

Da kommt mir eben so ein Freund
Mit einem großen Zwicker.
Ei, ruft er, Freundchen, wie mir scheint,
Sie werden immer dicker.

Ja, ja, man weiß oft selbst nicht wie,
So kommt man in die Jahre;
Pardon, mein Schatz, hier haben Sie
Schon ein, zwei graue Haare! –

Hinaus, verdammter Kritikus,
Sonst schmeiß ich dich in Scherben.
Du Schlingel willst mir den Genuss
Der Gegenwart verderben!

Wilhelm Busch

Guter Rat

Lass dein Grämen und dein Schämen!
Werbe keck und fordre laut,
Und man wird sich dir bequemen,
Und du führest heim die Braut.

Wirf dein Gold den Musikanten,
Denn die Fidel macht das Fest;
Küsse deine Schwiegertanten,
Denkst du gleich: „Hol euch die Pest!“

Rede gut von einem Fürsten,
Und nicht schlecht von einer Frau;
Knickre nicht mit deinen Würsten,
Wenn du schlachtest eine Sau.

Ist die Kirche dir verhasst, Tor,
Desto öfter geh hinein;
Zieh den Hut ab vor dem Pastor,
Schick ihm auch ein Fläschchen Wein.

Fühlst du irgendwo ein Jücken,
Kratze dich als Ehrenmann;
Wenn dich deine Schuhe drücken,
Nun, so zieh Pantoffeln an.

Hat versalzen dir die Suppe
Deine Frau, bezähm die Wut,
Sag ihr lächelnd: „Süße Puppe,
Alles, was du kochst, ist gut."

Trägt nach einem Schal Verlangen
Deine Frau, so kauf ihr zwei;
Kauf ihr Spitzen, goldne Spangen
Und Juwelen noch dabei.

Wirst du diesen Rat erproben,
Dann, mein Freund! genießest du
Einst das Himmelreich dort oben,
Und du hast auf Erden Ruh'.

Heinrich Heine

Die Redensart

Bald fehlt uns der Wein,
bald fehlt uns der Becher.
Hebbel

Ich kannte eine angesehene, stattliche Dame, die hatte die Gewohnheit, mit offenen Augen am Tage zu schlafen und niemals zuzuhören, wenn jemand mit ihr sprach. Die Leute erzählten ihr lange Geschichten, wie sie so die Leute erzählen: Ehescheidungsklatsch, Dienstbotennöte, Geldgeschichten, was weiß ich – und sie schlief und hörte durchaus nicht zu. Wenn aber der andre zu erzählen aufgehört hatte und schwieg und eine teilnehmende Antwort erwartete, dann fuhr meine Dame auf und sagte ein Wort, ‚das' Wort ihres Lebens, eines, das sie stets sagte, nach jeder Geschichte, und das auch zu allen passte: „Ja, ja! Etwas ist immer –!"

Dies war ihre Antwort, und was darüber war, das war meist vom Übel, Aber dieses Wort wird bleiben. Etwas ist wirklich immer. Arthur Schopenhauer hat ja das Glück als den unglücklosen Zustand definiert und damit das Malheur als das Primäre angesehen. Und von ihm stammte ja auch jener grandiose Ausspruch, er habe als Jüngling beim Klingeln der Türglocke empfunden: „Ah – jetzt, jetzt kommt es!" – und später, im Alter, wenn es an der Tür klopfte: „Jetzt – jetzt kommts!" Und es kam immer etwas. (Einmal sogar eine Näherin, die er die Treppe hinunterwarf.) Gäbe es keine Sorgen, man müsste sie erfinden. Aber, unbesorgt, wir sind nie unbesorgt. Etwas ist immer. Hundegebell; Liebeserhörung bei zu engem Kragen; guter Rotwein, aber ein grober Kellner, höflicher Kellner, aber ein schrecklicher Surius*; Obermieter, die uns auf dem Kopf herumtrampeln, weil sie Flusskähne statt der Stiefel tragen; unerwünschter Familienzuwachs; Konkurs, Weltkrieg und Verdauungsbeschwerden – etwas ist immer. Aber wir sind mit daran schuld.

Unser Apparat ist viel zu groß. Kein Wunder, wenn immer irgendein Rad zerbrochen ist, eine Kette schleift, eine Schraube quietscht. Mit dem Aufwand, den wir heute treiben, eine lange Reise zu tun, haben die Griechen früher ihre kleinen Kriege absolviert, und Ruhe geben wir nie. Ich kann mir unsre Börsianer so richtig im Paradies, wie sie in dasselbe kommen, vorstellen: es zieht, das Eintrittsgeld war zu hoch, einen Kurszettel gibt es nicht, und so haben sie es sich überhaupt nicht vorgestellt. (Verkauft Eva Ansichtskarten? Nein. Also: Paradies-Baisse, Krach, Umzug in die Hölle. Den Rest siehe oben.) Etwas ist immer. Es hat nie eine treffendere Redensart gegeben. Und, wissen Sie, das ganze Spektakel hat eigentlich so wenig Sinn. Denken Sie sich, was wir in den letzten acht Jahren alle miteinander angegeben haben, und was ist dabei herausgekommen? Dieses Europa. Etwas ist immer, es ist ein bisschen viel für einen einzelnen Herrn. Und die Einwohnerschaft dieses Kontinents ist reichlich nervös geworden, so nervös, dass sie ordentlich danach sucht, wenn einmal nichts ist – ärgerlich schweift der Blick umher, dass er etwas finde, was nicht stimmt. Denn bei uns ist etwas nicht in Ordnung, wenn alles in Ordnung ist, und etwas ist immer, und zum Kampfe ist der Mann, ausgerechnet, auf der Welt. Wie sagt der Kinoregisseur? „Licht! Bewegung! Großaufnahme!“

Glück ist der Zustand, den man nicht spürt, sagt der Weise.

Wo gibt es noch reine Freuden? Ich glaube: nur noch in dem allein seligmachenden Zustand, wo jener, glücklich lächelnd, in der Droschke saß und den Kutscher fragte, wie viel Uhr es sei. Und der Kutscher antwortete: „Elf Uhr, Herr!“ Und jener, im Vollbewusstsein der irdischen Seligkeit: „Gestern – oder – heute?“ Siehe, das ist das Glück. Aber der hat am nächsten Morgen einen unfreundlichen Kater und muss büßen, dass er den Flug von der Erde versucht hat. Und kraucht wieder unten – und etwas ist immer.

Wir aber sehnen uns. Nach jenem Zustand, der uns glücklich und leicht mache – nach jenem legendären kleinen weißen Häuschen, das ein Hort der Zufriedenheit sei und eine Ruhestätte vor allem Jammer. Dahin möchten wir so gern einmal.

Ich möchte heim – mich ziehts dem Vaterhause,
Dem Vaterherzen zu.
Fort aus der Welt verworrenem Gebrause
Zur stillen, tiefen Ruh.
Mit tausend Wünschen bin ich ausgegangen,
Heim kehr ich mit bescheidenem Verlangen;
Noch hegt mein Herz nur einer Hoffnung Keim:
Ich möchte heim.

Aber das Heim hat keine Zentralheizung, nebenan ist eine Lederfabrik mit übel duftendem Schornstein, das Weib unsrer Wahl ist dick geworden, und der Junge ist auch nicht so, wie wir ihn uns dachten: zum Diplomaten zu klug, zum Filmschauspieler zu hässlich, zum Bankier zu dumm und für einen bürgerlichen Beruf ungeeignet. Da sitzest du vor einem Idealhäuschen, die Linden rauschen, der Bach murmelt, der Mond scheint. Und in deinem Herzen keimt eine leise kleine Sehnsucht auf nach der großen Stadt, nach ihrem Lärm und nach ihrem Ärger. Ruft deine liebe Adelheid? Lass sie rufen. Aber sie ruft, lauter und nicht melodiöser. Und seufzend gehst du ins Haus … Und lass dir nichts erzählen von feinen Inschriften für deinen Grabstein. Ich habe eine für dich, wie nach Maß gearbeitet, verlass dich drauf, sie passt wundervoll. Schreib: Etwas ist immer.

Kurt Tucholsky

* *Surius: billiger saurer Wein*

Sommerfrische

Zupf dir ein Wölkchen aus dem Wolkenweiß,
Das durch den sonnigen Himmel schreitet.
Und schmücke den Hut, der dich begleitet,
Mit einem grünen Reis.

Verstecke dich faul in die Fülle der Gräser.
Weil's wohltut, weil's frommt.
Und bist du ein Mundharmonikabläser
Und hast eine bei dir, dann spiel, was dir kommt.

Und lass deine Melodien lenken
Von dem freigegebenen Wolkengezupf.
Vergiss dich. Es soll dein Denken
Nicht weiter reichen, als ein Grashüpferhupf.

Joachim Ringelnatz

„Man hört nicht auf zu lachen, wenn man alt wird, aber man wird alt, wenn man aufhört zu lachen."

Heiterkeit kennt kein Alter

An die Alten

Väter, stört uns nicht im Tanze!
Kommt, und mischt euch in die Reihen,
Wenn ihr gleich mit Krücken tanzet!
Tanzt, ihr Väter, mit den Töchtern,
Geht, ihr Söhne, holt die Mütter,
Tragt sie tanzend auf den Armen,
Oder lasst die alten Rücken
Auf den jungen Rücken tanzen!
Schüttelt Väter, schüttelt Mütter,
Dass das kalte Blut erwärme,
Dass das Feuer in den Adern,
Noch einmal für Wollust brenne,
Wie es in der Jugend brannte,
Damals, als ihr Söhne wurdet!
Väter, fühlt die Freude wieder,
Die ihr in der Jugend fühltet,
Nehmt die Mütter bei den Hälsen,
Herzt und küsst sie, bis sie lachen!
Wälzt die Falten von der Stirne,
Lasst die Jugend wieder blühen!
Was ist besser als die Jugend?
Was ist schöner als der Frühling?

Johann Wilhelm Ludwig Gleim

Das Lachen

Ich habe ein himmlisches Lachen gehört, ein Kinderlachen, ein wunderbares Gelächter, ein ganz feines, silberreines. Ein göttliches Kichern war's. Ich kam gestern, Sonntag, gegen sieben Uhr heim, da hörte ich's, und ich muss hier unbedingt Bericht davon erstatten. Wie arm in ihrem Ernst und mit ihren trocken-ernsthaften Mienen sind die Erwachsenen, die Großen. Wie reich, wie groß, wie glücklich sind die Kleinen, die Kinder. Ein so volles, reiches, süßes Glück lag im Lachen der zwei Kinder, die neben einer Erwachsenen einhergingen, eine so überschwängliche, reizende Freude. Sie waren ganz Seligkeit, indem sie sich dem Lachen hingaben. Ich lief absichtlich langsam, damit ich sie recht lange lachen hören könne. Ein Genuss war's für sie, sie genossen die ganze Köstlichkeit, die in einem Lachen liegen kann. Sie konnten gar nicht aufhören mit Lachen, und ich sah, wie es sie schüttelte. Sie krümmten sich förmlich darunter. O, so rein war's, so ganz nur kindlich! Worüber sie vielleicht am unbändigsten und am lieblichsten lachten, war die strenge Miene, die das erwachsene Fräulein neben ihnen zu ziehen für nötig erachtete. Des großen Mädchens Ernst gab ihnen am meisten zu lachen. Doch endlich, von so viel liebreizender Lustigkeit hingerissen, lachte auch die Gemessene, die Ernste und die Große. Sie war besiegt von den

Kindern und lachte nun wie ein Kind mit den Siegerinnen, den Kleinen. Wie sind über die Grämlichen die Glücklichen Sieger! Die zwei Kinder lachten in ihrer Unschuld über alles, über Heutiges und Gestriges, über dieses und jenes, über sich selber. Sie mussten über ihr eigenes Lachen lachen. Ihr Lachen kam ihnen immer lächerlicher, lustiger vor. Ganz deutlich fühlte und hörte ich's. Ich pries mich glücklich, dass ich das Glöckchenkonzert, das Lachkonzert anhören durfte. Die ganze Straße entlang lachten sie. Sie wollten fast umfallen, sich fast auflösen und zergehen vor Lachen. Alles an ihnen, den lieben glücklichen Kindern, lachte mit, die Köpfe, die Glieder, die Hände, Füße und Beine. Sie bestanden ganz nur noch aus Lachen. Wie schimmerte und glitzerte die Lachlust in ihren Augen! Ich glaube fast, sie mussten so grässlich, so grausam, so anhaltend lachen über einen dummen, kleinen Jungen. So schelmisch und wieder so schön war's, so rührend und so ausgelassen. Wahrscheinlich war der Lachanlass nur ganz geringfügig gewesen. Kinder sind eben Künstler im Erfassen eines Grundes, recht selig zu sein. Ein kleiner, leiser Vorfall mag es gewesen sein, und da machten sie eine große Geschichte daraus, hingen solch ein langes, großes, breites, üppiges Lachen daran. Kinder wissen, was sie glücklich macht.

Robert Walser

Erste Hilfe für die gestresste Psyche

Bei leichteren Störungen des Gemüts wie Zappeln und Wippen, Quengeln und Geifern, Grübeln und Trübsalblasen, bei Verbitterung, Gereiztheit und heulendem Elend sollte man im Zweifelsfall nicht auf Fluoxetin, Lorazepan, Doxepin, Trazodon oder Ritalin zurückgreifen. In solchen Fällen empfehlen sich gewisse Vergnügungen der Fünfjährigen, die zumindest für den Augenblick Erleichterung versprechen. Man blase eine Papiertüte auf und bringe sie auf dem Küchentisch zur Explosion, um seine Mitmenschen zu erschrecken. Man nehme einen Stock zur Hand und lasse ihn über ein eisernes Zaungitter rasseln; das Geräusch beruhigt. Man pflücke die weißen Früchte von einem Schneebeerenstrauch (Symphoricarpus albus), werfe sie auf den Boden und lasse sie mit einem winzigen Knall platzen. Man klaube frisch gefallene Kastanien auf und befreie sie von ihrem grünen Panzer. Oft genügt es auch, durch einen Haufen dürren Laubes zu schlurfen, und zwar so, dass es möglichst heftig raschelt. Diese therapeutischen Maßnahmen sind umweltfreundlich, kostenlos und frei von Nebenwirkungen.

Hans Magnus Enzensberger

Ein fröhliches Gemüt macht ein blühend Alter
Ein trauriger Geist vertrocknet die Gebeine.

Sprüche Salomos

Frohsinn

Nur die Heiterkeit ist Leben,
Selbst das Alter wird verjüngt,
Wem der Scherz, der Saft der Reben
Jugend lachend wiederbringt,
Der mag manches Jahr noch leben,
Lust und Frohsinn ihn umschweben,
Und dem Greise selbst gelingt,
Sich der Sorgen zu entheben;
Nur die Heiterkeit ist Leben,
Selbst das Alter wird verjüngt.

Ludwig Tieck

Schöne Tage – nicht weinen, dass sie vergangen,
sondern lächeln, dass sie gewesen.

Rabindranath Tagore

Ja, das möcht' ich noch erleben

Eigentlich ist mir alles gleich,
Der eine wird arm, der andre wird reich,
Aber mit Bismarck, – was wird das noch geben?
Das mit Bismarck, das möcht' ich noch erleben.

Eigentlich ist alles soso,
Heute traurig, morgen froh,
Frühling, Sommer, Herbst und Winter,
Ach, es ist nicht viel dahinter.

Aber mein Enkel, so viel ist richtig,
Wird mit Nächstem vorschulpflichtig,
Und in etwa vierzehn Tagen
Wird er eine Mappe tragen,
Löschblätter will ich ins Heft ihm kleben –
Ja, das möcht' ich noch erleben.

Eigentlich ist alles nichts,
Heute hält's, und morgen bricht's,
Hin stirbt alles, ganz geringe
Wird der Wert der ird'schen Dinge;
Doch wie tief herabgestimmt
Auch das Wünschen Abschied nimmt,
Immer klingt es noch daneben:
Ja, das möcht' ich noch erleben.

Theodor Fontane

Du musst das Leben nicht verstehen

Du musst das Leben nicht verstehen,
dann wird es werden wie ein Fest.
Und lass dir jeden Tag geschehen
so wie ein Kind im Weitergehen
von jedem Wehen
sich viele Blüten schenken lässt.

Sie aufzusammeln und zu sparen,
das kommt dem Kind nicht in den Sinn.
Es löst sie leise aus den Haaren,
drin sie so gern gefangen waren,
und hält den lieben jungen Jahren
nach neuen seine Hände hin.

Rainer Maria Rilke

Die Alte-Weiber-Mühle

Bei Apolda in Thüringen liegt die Alte-Weiber-Mühle. Sie sieht ungefähr aus wie eine große Kaffeemühle, nur dass nicht oben gedreht wird, sondern unten. Unten stehen nämlich zwei große Balken heraus, die von zwei Knechten angefasst werden, um mit ihnen die Mühle zu drehen. Oben werden die alten Weiber hineingetan; faltig und bucklig, ohne Haare und Zähne, und unten kommen sie jung wieder heraus: schmuck und rotbackig wie die Borstäpfel. Mit einem Male Umdrehen ist's gemacht; knack und krach geht es, dass es einem durch Mark und Bein fährt. Wenn man aber die, welche herauskommen und wieder jung geworden sind, fragt, ob es nicht erschrecklich weh tue, antworten sie: „Lieber gar! Wunderschön ist es! Ungefähr so, wie wenn man früh aufwacht, gut ausgeschlafen ist und die Sonne ins Zimmer scheint, und draußen singen die Vögel, und die Bäume rauschen, und man sich dann noch einmal im Bett ordentlich dehnt und reckt. Da knackt's auch zuweilen."

Sehr weit von Apolda wohnte einmal eine alte Frau; die hatte auch davon gehört. Da sie nun sehr gern jung gewesen war, entschloss sie sich eines Tages kurz und machte sich auf den Weg. Es ging zwar langsam; sie musste oft stehen bleiben und husten, aber mit der Zeit kam sie doch vorwärts, und endlich langte sie richtig vor der Mühle an.

„Ich möchte wieder jung werden und mich ummahlen lassen“, sagte sie zu einem der Knechte, der, die Hände in den Hosentaschen, vor der Mühle auf der Bank saß und aus seiner Pfeife Ringel in die blaue Luft blies. „Du lieber Gott, was das Apolda weit ist!“

„Wie heißt Ihr denn?“, fragte der Knecht gähnend.

„Die alte Mutter Klapprothen!“

„Setzt Euch so lange auf die Bank, Mutter Klapprothen“, sagte der Knecht, ging in die Mühle, schlug ein großes Buch auf und kam mit einem langen Zettel wieder heraus.

„Ist wohl die Rechnung, mein Jüngelchen?“, fragte die Alte.

„I bewahre!“, erwiderte der Knecht. „Das Ummahlen kostet nichts. Aber Ihr müsst zuvor das hier unterschreiben!“

„Unterschreiben?“, wiederholte die alte Frau. „Wohl meine arme Seele dem Teufel verschreiben? Nein! das tue ich nicht! Ich bin eine fromme Frau und hoffe, einmal in den Himmel zu kommen.“

„Ist nicht so schlimm!“, lachte der Knecht. „Auf dem Zettel stehen bloß alle Torheiten verzeichnet, die Ihr in Eurem ganzen Leben begangen habt, und zwar ganz genau der Reihe nach, mit Zeit und Stunde. Ehe Ihr Euch ummahlen lasst, müsst Ihr Euch verpflichten, wenn Ihr nun wieder jung geworden seid, alle die Torheiten noch einmal zu machen, und zwar ganz genau in derselben Reihenfolge, justement wie's auf dem Zettel steht!"

Darauf besah er den Zettel und sagte schmunzelnd: „Freilich ein bisschen viel, Mutter Klapprothen, ein bisschen viel! Vom sechzehnten bis zum sechsundzwanzigsten Lebensjahre täglich eine, sonntags zwei. Nachher wird's besser. Aber im Anfang der Vierziger, der Tausend, da kommt's noch einmal dicke! Zuletzt ist's wie gewöhnlich!"

Da seufzte die Alte und sagte: „Aber Kinder, dann lohnt es sich ja gar nicht, sich ummahlen zu lassen!"

„Freilich, freilich", entgegnete der Knecht, „für die meisten lohnt sich's nicht! Darum haben wir eben gute Zeit; sieben Feiertage die Woche, und die Mühle steht immer still, zumal seit den letzten Jahren. Früher war schon das Geschäft etwas lebhafter."

„Ist es denn nicht möglich, wenigstens etwas auf dem Zettel auszustreichen?", fragte die Alte noch einmal und streichelte dem Knechte die Backen. „Bloß drei Sachen, mein Jüngelchen, alles andere will ich, wenn es denn einmal sein muss, noch einmal machen."

„Nein", antwortete der Knecht, „das ist platterdings unmöglich. Entweder – oder!"

„Nehmt nur Euren Zettel wieder", sagte darauf die alte Frau nach einigem Besinnen, „ich habe die Lust an Eurer dummen alten Mühle verloren!", und machte sich auf den Heimweg. Als sie aber zu Hause ankam und die Leute sie verwundert ansahen und sagten: „Aber Mutter Klapprothen, Ihr kommt ja gerade so alt wieder, als Ihr fortgegangen seid! Es ist wohl nichts mit der Mühle?", hustete sie und antwortete: „O ja, es ist wohl etwas daran; aber ich hatte zu große Angst, und dann – was hat man denn an dem bisschen Leben? Du lieber Gott!"

Richard von Volkmann-Leander

Auf sich selbst

Ich habe nicht stets Lust zu lesen.
Ich habe nicht stets Lust zu schreiben.
Ich habe nicht stets Lust zu denken;
kurzum, nicht immer zu studieren.

Doch hab ich allzeit Lust zu scherzen.
Doch hab ich allzeit Lust zu lieben.
Doch hab ich allzeit Lust zu trinken;
kurz, allezeit vergnügt zu leben.

Verdenkt ihr mirs, ihr sauern Alten?
Ihr habt ja allzeit Lust zu geizen;
Ihr habt ja allzeit Lust zu lehren;
Ihr habt ja allzeit Lust zu tadeln.

Was ihr tut, ist des Alters Folge.
Was ich tu, will die Jugend haben.
Ich gönn euch eure Lust von Herzen.
Wollt ihr mir nicht die meine gönnen?

Gotthold Ephraim Lessing

Freut euch eurer Jugend nicht zu früh

Ihr jungen Leute! Freut euch eurer Jugend nicht zu früh, denn vor euch liegt ein langer Weg voller Tücken, bis ihr die Herrlichkeit des Lebens zuletzt erreicht. Die ersten Jahrzehnte des Lebens sind ein einziger Kampf, wenigstens für einen Augenblick mal den Schalthebel in die Hand zu bekommen. Jeden Tag aufs Neue fallen die eigenen Wünsche über einen her. Wenn man sich endlich beruhigt und mit seinem Los abgefunden hat, ist man im mittleren Alter und dem Glück schon ein gutes Stück näher, aber noch hat man ein paar anstrengende Jahre des Sehnens und Bereuens vor sich. Und der Geschlechterkampf tritt im mittleren Alter in seine wahrhaft heiße Phase. Männer und Frauen mittleren Alters haben Angst voreinander. Die Frauen entdecken an ihren Männern und die Männer an ihren Frauen den Verfall, den sie an sich selbst nicht wahrhaben wollen. Die Folgen davon sind allgemeine Wut und Autounfälle. (…) Aber wie das Fegefeuer ist auch das mittlere Alter von begrenzter Dauer. Marschiert nur weiter, eurem Ziel entgegen! Dem magischen Alter ab Siebzig. Da wird das Leben selbst zur Kostbarkeit.

Glaubt nicht dem Gejammer über schmerzende Knochen. Es stimmt zwar, dass die Anzahl der Schmerzen pro Stunde und Quadratzentimeter der eigenen Körperoberfläche mit zunehmendem Alter ebenfalls ständig zunimmt, aber umgekehrt nimmt die Schmerzempfindlichkeit im gleichen Maße ab. Man gewöhnt sich an den Schmerz, oder er wird einem im Großen und Ganzen gleichgültig. Gewiss, würde man eine Zwanzigjährige in den Körper einer Siebzigjährigen stecken, dann hörte sie mit Schreien gar nicht mehr auf. Viele Alte spüren überhaupt keinen Schmerz mehr, aber sie tun noch so – es ist eine Form von höflicher Konversation mit anderen Alten. Mit Seufzern und Klagen bekräftigen sie ihre fröhliche Verbundenheit.

Nach Siebzig bricht der Kampf der Geschlechter plötzlich ab. Friedenszeit. (…) Näher kommt man auf Erden dem Paradies nicht. Männer und Frauen hören auf, voneinander das Unmögliche zu verlangen. Die Beziehungen werden liebenswürdiger. Die Karriere bietet keine Nebenwege mehr. Es gibt nur noch Freude am anderen. Und wenn es keinen anderen mehr gibt, dann gibt es immer noch die heftigste Freude von allen, die Freude an sich selbst – der Mund voll leckerem Essen, der wolkenlose Himmel. Jahrelang müsst ihr warten, ihr Jungen, bis euch diese einfachen, profanen Dinge mit wahrem Entzücken erfüllen.

Irene Dische

Früher, da ich unerfahren

Früher, da ich unerfahren
Und bescheidner war als heute,
Hatten meine höchste Achtung
Andre Leute.

Später traf ich auf der Weide
Außer mir noch mehre Kälber,
Und nun schätz ich, sozusagen,
Erst mich selber.

Wilhelm Busch

Denk' ich einst in künft'gen Tagen
Wann ich dich zuletzt gesehn,
Wird Erinnrung freundlich sagen:
Damals war das Wetter schön.

Friedrich Rückert

„Das deutlichste Zeichen von Weisheit ist anhaltende gute Laune“

Von der Kunst, fröhlich zu sein

Versuch über die Kunst, stets fröhlich zu sein

Der Weise kann überall fröhlich sein: Sein wahres Vergnügen ist nicht an den Ort noch an die Abwechslungen des Glückes gebunden, folglich auch seine Glückseligkeit nicht. Denn Vergnügen ist das Wesen der Glückseligkeit, die entsteht, wenn wir alle unsere natürlichen Begierden mit Vergnügen erfüllt sehen und von allem Schmerz befreiet sind. Dies scheint Epikurs Wollust zu sein, worunter er vermutlich nicht bloß sinnliches Vergnügen verstanden hat, welches nicht den ganzen Menschen, also nicht vollkommen, glücklich macht. Obgleich der Mensch dieser vollkommenen Glückseligkeit in seinem dermaligen Zustande nicht fähig ist; so muss er ihr doch nahe zu kommen suchen. Er kann schon glückselig heißen, wenn das Vergnügen die schmerzhaften Empfindungen nur merklich übertrifft. Dass aber Vergnügen ein Zweck der Natur sei, lehrt uns ihre ganze Einrichtung. Wir sind bloß unglückselig, weil wir uns nicht zu erfreuen wissen.

Johann Peter Uz

Betrachtung

Die Gurken sind bitter: Lass sie stehen! Es sind Dornen auf dem Wege: Weiche ihnen aus! Das ist genug. Sage aber nicht: Warum ist dieses in der Welt? Sonst wirst du von den Naturkundigen ausgelachet werden. Eben wie dich ein Zimmermann oder Schuster auslachen würde, wenn du ihnen aufrücktest, dass Lappen oder Sägespäne in ihrer Werkstatt liegen.

Mark Aurel

Überlass es der Zeit

Erscheint dir etwas unerhört,
Bist du tiefsten Herzens empört,
Bäume nicht auf, versuch's nicht mit Streit,
Berühr es nicht, überlass es der Zeit.
Am ersten Tage wirst du feige dich schelten,
Am zweiten lässt du dein Schweigen schon gelten,
Am dritten hast du's überwunden,
Alles ist wichtig nur auf Stunden,
Ärger ist Zehrer und Lebensvergifter,
Zeit ist Balsam und Friedensstifter.

Theodor Fontane

Drei Wünsche

Ein junges Ehepaar lebte recht vergnügt und glücklich beisammen, und hatte den einzigen Fehler, der in jeder menschlichen Brust daheim ist: Wenn man's gut hat, hätt man's gerne besser. Aus diesem Fehler entstehen so viele törichte Wünsche, woran es unserm Hans und seiner Lise auch nicht fehlte. Bald wünschten sie des Schulzen Acker, bald des Löwenwirts Geld, bald des Meiers Haus und Hof und Vieh, bald einmal hunderttausend Millionen bayerische Taler kurzweg. Eines Abends aber, als sie friedlich am Ofen saßen und Nüsse aufklopften, und schon ein tiefes Loch in den Stein hineingeklopft hatten, kam durch die Kammertür ein weißes Weiblein herein, nicht mehr als eine Elle lang, aber wunderschön von Gestalt und Angesicht, und die ganze Stube war voll Rosenduft. Das Licht löschte aus, aber ein Schimmer wie Morgenrot, wenn die Sonne nicht mehr fern ist, strahlte von dem Weiblein aus, und überzog alle Wände. Über so etwas kann man nun doch ein wenig erschrecken, so schön es aussehen mag. Aber unser gutes Ehepaar erholte sich doch bald wieder, als das Fräulein mit wundersüßer silberreiner Stimme sprach: „Ich bin eure Freundin, die Bergfei, Anna Fritze, die im kristallenen Schloss mitten in den Bergen wohnt, mit unsichtbarer Hand Gold in den Rheinsand streut, und über siebenhundert dienstbare Geister gebietet. Drei Wünsche dürft ihr tun; drei Wünsche sollen erfüllt werden.“ Hans drückte den Ellenbogen an den Arm seiner Frau, als ob er sagen wollte: Das lautet nicht übel. Die Frau aber war schon im Begriff, den Mund zu öffnen, und etwas von ein paar Dutzend goldgestickten Hauben, seidenen Halstüchern und dergleichen zur Sprache zu bringen, als die Bergfei sie mit aufgehobenem Zeigefinger warnte: „Acht Tage lang“, sagte sie, „habt Ihr Zeit. Bedenkt Euch wohl, und übereilt Euch nicht.“ Das ist kein Fehler, dachte der Mann, und legte seiner Frau die Hand auf den Mund. Das Bergfräulein aber verschwand. Die Lampe brannte wie vorher, und statt des Rosendufts zog wieder wie eine Wolke am Himmel der Öldampf durch die Stube.

So glücklich nun unsere guten Leute in der Hoffnung schon zum Voraus waren, und keinen Stern mehr am Himmel sahen, sondern lauter Bassgeigen; so waren sie jetzt doch recht übel dran, weil sie vor lauter Wunsch nicht wussten, was sie wünschen wollten, und nicht einmal das Herz hatten, recht daran zu denken oder davon zu sprechen, aus Furcht, es möchte für gewünscht passieren, ehe sie es genug überlegt hätten. Nun sagte die Frau: „Wir haben ja noch Zeit bis am Freitag.“

Des andern Abends, während die Kartoffeln zum Nachtessen in der Pfanne prasselten, standen beide, Mann und Frau, vergnügt an dem Feuer beisammen, sahen zu, wie die kleinen Feuerfünklein an der rußigen Pfanne hin und her züngelten, bald angingen, bald auslöschten, und waren, ohne ein Wort zu reden, vertieft in ihrem künftigen Glück. Als sie aber die gerösteten Kartoffeln aus der Pfanne auf das Plättlein anrichteten, und ihr der Geruch lieblich in die Nase stieg; – „Wenn wir jetzt nur ein gebratenes Würstlein dazu hätten", sagte sie in aller Unschuld, und ohne an etwas anders zu denken, und – o weh, da war der erste Wunsch getan. – Schnell wie ein Blitz kommt und vergeht, kam es wieder wie Morgenrot und Rosenduft untereinander durch das Kamin herab, und auf den Kartoffeln lag die schönste Bratwurst. – Wie gewünscht, so geschehen. – Wer sollte sich über einen solchen Wunsch und seine Erfüllung nicht ärgern? Welcher Mann über solche Unvorsichtigkeit seiner Frau nicht unwillig werden?

„Wenn dir doch nur die Wurst an der Nase angewachsen wäre", sprach er in der ersten Überraschung, auch in aller Unschuld, und ohne an etwas anders zu denken – und wie gewünscht, so geschehen. Kaum war das letzte Wort gesprochen, so saß die Wurst auf der Nase des guten Weibes fest, wie angewachsen im Mutterleib, und hing zu beiden Seiten hinab wie ein Husarenschnauzbart.

Nun war die Not der armen Eheleute erst recht groß. Zwei Wünsche waren getan und vorüber, und noch waren sie um keinen Heller und um kein Weizenkorn, sondern nur um eine böse Bratwurst reicher. Noch war ein Wunsch zwar übrig. Aber was half nun aller Reichtum und alles Glück zu einer solchen Nasenzierrat der Hausfrau? Wollten sie wohl oder übel, so mussten sie die Bergfei bitten, mit unsichtbarer Hand Barbiersdienste zu leisten, und Frau Lise wieder von der vermaledeiten Wurst zu befreien. Wie gebeten, so geschehen, und so war der dritte Wunsch auch vorüber, und die armen Eheleute sahen einander an, waren der nämliche Hans und die nämliche Lise nachher wie vorher, und die schöne Bergfei kam niemals wieder.

Merke: Wenn dir einmal die Bergfei also kommen sollte, so sei nicht geizig, sondern wünsche

Numero eins: Verstand, dass du wissen mögest, was du

Numero zwei wünschen sollest, um glücklich zu werden. Und weil es leicht möglich wäre, dass du alsdann etwas wähltest, was ein törichter Mensch nicht hoch anschlägt, so bitte noch

Numero drei: um beständige Zufriedenheit und keine Reue.

Oder so: Alle Gelegenheit, glücklich zu werden, hilft nichts, wer den Verstand nicht hat, sie zu benutzen.

Johann Peter Hebel

Trost

Tröste dich, die Stunden eilen,
Und was all dich drücken mag,
Auch das Schlimmste kann nicht weilen,
Und es kommt ein andrer Tag.

In dem ew'gen Kommen, Schwinden,
Wie der Schmerz liegt auch das Glück,
Und auch heitre Bilder finden
Ihren Weg zu dir zurück.

Harre, hoffe. Nicht vergebens
Zählest du der Stunden Schlag,
Wechsel ist das Los des Lebens,
Und – es kommt ein andrer Tag.

Theodor Fontane

Zwischen Weinen und Lachen

Zwischen Weinen und Lachen
schwingt die Schaukel des Lebens.
Zwischen Weinen und Lachen
fliegt in ihr der Mensch.

Christian Morgenstern

Der Scherz ist
das Loch, aus dem
die Wahrheit pfeift.

Japanische Weisheit

Gott hat dir
das Gesicht gegeben,
lachen musst du selber.

Henrik Ibsen

Ich kam in diese Welt herein

Ich kam in diese Welt herein,
Mich bass zu amüsieren,
Ich wollte gern was Rechtes sein
Und musste mich immer genieren.
Oft war ich hoffnungsvoll und froh,
Und später kam es doch nicht so.

Nun lauf ich manchen Donnerstag
Hienieden schon herummer,
Wie ich mich drehn und wenden mag,
’s ist immer der alte Kummer.
Bald klopft vor Schmerz und bald vor Lust
Das rote Ding in meiner Brust.

Wilhelm Busch

Über den Umgang mit Menschen

Vor allen Dingen vergesse man nie, dass die Leute unterhalten, amüsiert sein wollen; dass selbst der unterrichtendste Umgang ihnen in der Länge ermüdend vorkommt, wenn er nicht zuweilen durch Witz und gute Laune gewürzt wird; dass ferner nichts in der Welt ihnen so witzreich, so weise und so ergötzend scheint, als wenn man sie lobt, ihnen etwas Schmeichelhaftes sagt; dass es aber unter der Würde eines klugen Mannes ist, den Spaßmacher, und eines redlichen Mannes unwert, den niedrigen Schmeichler zu machen. Allein es gibt einen gewissen Mittelweg; diesen rate ich einzuschlagen, und da jeder Mensch doch wenigstens eine gute Seite hat, die man loben darf, und dies Lob, wenn es nicht übertrieben wird, aus dem Munde eines verständigen Mannes Sporn zu größerer Vervollkommnung werden kann, so ist das Wink genug für den, der mich verstehn will.

Zeige, so viel du kannst, eine immer gleiche, heitere Stirne! Nichts ist reizender und liebenswürdiger als eine gewisse, frohe, muntre Gemütsart, die aus der Quelle eines schuldlosen, nicht von heftigen Leidenschaften in Tumult gesetzten Herzens hervorströmt. Wer immer nach Witz hascht, wem man es ansieht, dass er darauf studiert hat, die Gesellschaft zu unterhalten, der gefällt nur auf kurze Zeit und wird bei Wenigen Interesse erwecken; er wird nicht aufgesucht werden von denen, deren Herz sich nach besserm Umgange und deren Kopf sich nach sokratischer Unterhaltung sehnt.

Wer immer Spaß machen will, der erschöpft sich nicht nur leicht und wird matt, sondern hat auch die Unannehmlichkeit, dass, wenn er einmal gerade nicht aufgelegt ist, seinen Vorrat von lustigen Kleinigkeiten zu öffnen, seine Gefährten das sehr ungnädig aufnehmen. Bei jeder Mahlzeit, zu welcher er gebeten wird, bei jeder Aufmerksamkeit, die man ihm erweist, scheint die Bedingung schwer auf ihm zu liegen, dass er diese Ehre durch seine Schwänke zu verdienen suchen solle; und will er es einmal wagen, den Ton zu erheben und etwas Ernsthaftes zu sagen, so lacht man ihm gerade in das Gesicht, ehe er mit seiner Rede halb zu Ende ist. Wahrer Humor und echter Witz lassen sich nicht erzwingen, nicht erkünsteln, aber sie wirken, wie das Umschweben eines höhern Genius, wonnevoll, erwärmend, Ehrfurcht erregend.

Adolph Freiherr von Knigge

Wie Nasreddin über den hässlichen Timur weinte

Timur, der Welteroberer, war ein äußerst hässlicher Mann. Er hatte nur ein Auge und zudem einen eisernen Fuß. Eines Tages saß er mit Nasreddin Hodscha zusammen und sie unterhielten sich. Auf einmal fasste sich Timur an den Kopf und rief nach dem Barbier, der ihn rasieren sollte. Der Barbier erschien auch sogleich und begann wie befohlen mit der Rasur. Als er fertig war, reichte er Timur einen Spiegel, damit dieser sich darin betrachten könne. Timur schaute sich an, sah, wie hässlich er war, und fing laut an zu weinen. Seinem Beispiel folgend begannen auch der Hodscha und der gesamte Hofstaat an zu weinen und zu wehklagen. Das ging so einige Stunden lang. Schließlich gelang es den Höflingen, indem sie einige sonderbare Geschichten erzählten, dass Timur seinen Kummer vergaß und aufhörte zu weinen. Nur der Hodscha schluchzte weiter, dass es einem zu Herzen ging.

Timur sprach ihn an: „Sag, Hodscha, ich habe mich im Spiegel gesehen und fand mich selbst so abscheulich hässlich, dass mich ein großer Kummer deshalb befiel. Ausgerechnet ich, der ich so viele Reichtümer habe und über so viele Sklaven und Untertanen herrsche, bin ein so hässlicher Mann. Also war ich vollkommen zu Recht betrübt und weinte. Aber du? Warum weinst du die ganze Zeit und hörst gar nicht damit auf?“ Nasreddin sah auf und erwiderte: „Du hast dich nur ein einziges Mal im Spiegel angeschaut, und dieser kurze Anblick hat gereicht, um dich mehrere Stunden lang weinen zu lassen. Was also ist so erstaunlich daran, dass ich, der dich den ganzen Tag anschauen muss, länger weine als du?“ Bei diesen Worten brach Timur in ein unbändiges Lachen aus.

Türkische Anekdote

Die schwierigste Turnübung ist immer noch,
sich selbst auf den Arm zu nehmen.

Curt Goetz

Auf einen Blick

Kurztext • 2–3 Min. •• über 3 Min. •••

Titel AutorIn	Thema	Vor- lese- zeit	Seite
Sozusagen grundlos vergnügt *Mascha Kaléko*	Freude über banale Dinge	•	50
Modern Times *Rafik Schami*	Schwierigkeit, das Künstliche vom Echten zu unterscheiden	•••	51
Schenken *Joachim Ringelnatz*	Geschenke müssen nicht groß sein	•	54
Wünsche für den morgigen Tag *Aus China*	Sich am wenigsten wünschen macht am glücklichsten	••	55
Gut gedrillt *Eugen Roth*	Mitleid mit Reichen	•	57
Ich bin der reichste Mann der Welt! *Arno Holz*	Reichtum ist nichts im Vergleich zu einem Tautropfen	•	58
Das Glück ist eine ziehende Wolke *Konfuzius*	Glück ist flüchtig	•	59
Das Hemd des Glücklichen *Traditionelle Erzählung*	Armut und Glück schließen sich nicht aus	••	59
Gebet um Humor *Thomas Morus*	Bitte um den Sinn für Humor	•	61
Anekdote zur Senkung der Arbeitsmoral *Heinrich Böll*	Den Lebensgenuss nicht auf Morgen verschieben	•••	64

Titel AutorIn	Thema	Vor- lese- zeit	Seite
Das Geheimnis der Zufrieden-heit *Weisheits-geschichte*	Die Gegenwart würdigen	•	68
Gib das Leiden auf *Zengeschichte*	Entsagung führt nicht zur Erleuchtung	•	69
Immer weiter *Otto Reutter*	Genieße das Heute, das Leben eilt vorbei	••	70
Glücksbohnen *Weisheits-geschichte*	Kleine Glücksmomente wahrnehmen	•	74
Seid mir nur nicht gar zu traurig *Wilhelm Busch*	Der schönen Zeit nicht nachtrauern	•	75
Oktoberlied *Theodor Storm*	Die guten Tage genießen	•	76
Chancenlos *Anthony de Mello*	Man muss das Glück auch ergreifen	•	77
Glück *Hermann Hesse*	Moment des vollkommenen Glücks zerfällt durch ein Zuviel an Freude	•••	78
Lebensregel *Johann Wolf-gang von Goethe*	Sich nicht durch Vergangenheit und Zukunft am Genuss der Gegenwart hindern lassen	•	83
Da kommt mir eben so ein Freund *Wilhelm Busch*	Nicht die Gegenwart verderben lassen	•	83
Guter Rat *Heinrich Heine*	Zwei Fliegen mit einer Klappe schlagen	•	84
Die Redensart *Kurt Tucholsky*	Immer fehlt irgendetwas zum Glück	•••	86

Quellennachweis

Aus dem Novellino Von zwei Edelleuten, die sich in herzlicher Freundschaft zugetan waren, aus: Il Novellino. Das Buch der hundert Novellen. Übers. und hg. von Jánosz Riez, ©1988 Philipp Reclam jun. GmbH & Co. KG, Stuttgart.

Böll Heinrich Anekdote zur Senkung der Arbeitsmoral, aus: „Heinrich Böll. Werke. Kölner Ausgabe. Band 12. 1959-1963" Herausgegeben von Robert C. Conrad ©2008, Verlag Kiepenheuer & Witsch GmbH &Co. KG, Köln / Germany

Brecht Bertolt „Vergnügungen", aus: ders., Werke. Große kommentierte Berliner und Frankfurter Ausgabe, Band 15: Gedichte 5. ©Bertolt-Brecht-Erben / Suhrkamp Verlag 1993.

De Mello Anthony Chancenlos, aus: ders., Der Dieb im Wahrheitsladen. Die schönsten Weisheitsgeschichten, hg. von Ewald Müller, Verlag Herder GmbH, 1998 Freiburg i. Br., S. 61, mit freundlicher Genehmigung von Verlag Herder GmbH

Dische, Irene Freut euch eurer Jugend nicht zu früh (red. Titel), gekürzter Auszug aus: dies., Großmama packt aus, Copyright ©2005 by Hoffmann und Campe Verlag, Hamburg

Enzensberger Hans Magnus „Erste Hilfe für die gestresste Psyche", aus: ders., Album. ©Suhrkamp Verlag Berlin 2011

Hacke Axel Von Opti- und Pessimisten, aus: ders., Das Beste aus meinem Leben ©Verlag Antje Kunstmann GmbH, München 2006

Hesse Hermann „Glück", Textauszug aus: ders., Glück, in: Sämtliche Werke in 20 Bänden. Herausgegeben von Volker Michels. Band 14: Betrachtungen und Berichte 1927-1961. ©Suhrkamp Verlag Frankfurt am Main 2003. Alle Rechte bei und vorbehalten durch Suhrkamp Verlag Berlin.

Kaléko Mascha Sozusagen grundlos vergnügt, aus: dies., In meinen Träumen läutet es Sturm. ©1977 dtv Verlagsgesellschaft, München.

Kaléko Mascha Wie glücklich ist der Pessimist, aus: dies., In meinen Träumen läutet es Sturm. ©1977 dtv Verlagsgesellschaft, München.

Mrożek Sławomir Mitleid, aus: ders.: Das Leben für Anfänger, aus dem Polnischen von Christa Vogel, Copyright ©2004, 2010 Diogenes Verlag AG Zürich

Roth Eugen Unerwünschte Belehrung, ©Rechte bei den Erben

Roth Eugen Gut gedrillt, ©Rechte bei den Erben

Schami Rafik Modern Times, ©Rechte beim Autor

Walser Robert „Das Lachen", aus: ders., Sämtliche Werke in Einzelausgaben. Herausgegeben von Jochen Greven. Band 4: Kleine Dichtungen. Mit freundlicher Genehmigung der Robert Walser-Stiftung, Bern. ©Suhrkamp Verlag Zürich 1978 und 1985.